김주형 변호사가 알기 쉽게 설명하는

기업 법무의 이론과 실제

변호사 김주형 저

최고의 전문가가 알려주는

제조업 · 건설업 및 산업재해 관련 법무 기본기 가이드북

법률출판사

서문 및 감사의 말씀

저는 삼성엔지니어링 주식회사 법무부서(현 법무팀)에서 근무하였고, 또한 SK건설 주식회사에서 사내변호사로 근무한 경력이 있습니다. 현재에는 개업 후, 보험사와 손해사정업체 고문 변호사, 중소기업들의 자문 변호사, 영장실질심사 국선변호인, 경찰서 민원상담위원, 부산지방노동위원회 권리구제업무 대리인 등으로 활동하면서 업무 분야를 점차 확장하고 있습니다.

본 저서는 다년간 기업 법무팀의 일원으로 근무하면서 쌓아온 지식과 경험 그리고 개업 후 소송업무를 주로 하면서 현장에서 느끼고 배운 점들을 정리하여 기업의 법무 담당자 분들과 공유하고 미약하게나마 도움을 드리고자 하는 저의 뜻을 담은 결과물입니다.

저는 장기간 기업에 소속되어 업무 처리를 해 본 실무가 출신입니다. 또한 개업 후에는 다양한 업종의 기업들을 자문하면서 업종별 고유의 경영환경과 법적 이슈들을 이해하고 정확한 자문을 하고자 노력해 왔습니다. 그래서 본 저서의 집필 과정에서는 보편적으로 실무에 적용 될 만한 기업 법무의 기본기를 알기 쉽게 설명하는데 주력하였습니다.

부디 기업 법무 담당자 분들께서 합리적이고 정확한 업무 처리를 하시는 데에 제 저서가 조금이나마 도움이 되시기를 기대합니다.

끝으로 이 책이 출판되기까지 도움을 주신 모든 분들께 감사를 드립니다.

2017년 새해를 맞이하며

저자 김주형

차 례

제1장

기업법무의 역할

1. 변호사의 기원

변호사라는 직업의 유래에 대하여 다양하게 설명되고 있으나, 중세시대의 서양 계급 사회 하에서 발생한 것으로 보는 것이 유력하다. 아주 간략히 설명한다면, 귀족이 다른 귀족과 싸움을 벌일 때 평민들 중 똑똑한 사람들이 고상하고 논리적인 언어로 귀족을 대신해서 싸워주던 것에서 변호사라는 직업이 유래되었다고 보면 될 것이다. 애초에 변호사는 있는 자들을 위해 존재하였다가, 결국에는 사회 부조리에 대하여 항거하고 혁명에 있어서의 사상을 제시하는 등 민주주의 탄생의 주도적인 역할을 수행하게 되었다.

2. 우리나라 법무팀의 발전

우리나라의 법무팀의 역사를 언급하면서 삼성그룹을 언급하지 않을 수 없다. 삼성그룹은 세계 초일류 기업으로 성장하였고, 그 과정에서 수많은 일들을 겪었고 또한 역경을 이겨냈다. 그러면서 자연스럽게 기업 경영에 있어서 중요한 각 분야들을 전문적으로 발전시켜 나가기 시작했다. 특히 그 과정의 하나로, 세계 유수의 기업들과 경쟁하는 가운데, 지식재산의 중요성, 분쟁의 예방과 해결의 중요성 등에 대해 일찍 눈을 뜨게 되면서 90년대 후반부터 대거 법무팀 인원을 충원하기 시작했고, 현재에는 국내에서 가장 많은 사내변호사를 둔 그룹으로 자리매김하게 되었다.

가. 사내 법무팀의 역할

초기 사내 법무팀은 소수의 인원이 모든 법과 관련된 일들을 처리하는 방식으로 업무를 처리하였다. 계약서를 검토하고, 회사를 상대로 한 소송에 있어서 직원대리의 방식으로 대응을 하는 등의 업무가 주를 이루었다. 그러다가 점차 그 영역이 확대되고 세분화되기에 이르렀다.

수주 사업을 주로 하는 기업의 법무팀이 수행하는 업무를 간략히 살펴보면 다음과 같다.

Category		주요 업무
민사	수주 지원 단계	ITB 및 계약 검토, 관련 법률 검토, 사업참여에 대한 의견 개진, 협상
	계약 이행 단계	인허가 사항 검토, 계약 해석, 법률 검토
	분쟁화 단계	공문 · Letter 작성 송부, 합의 종결, 외부 변호사 선임
	분쟁 해결단계	담당자 인터뷰, 자료 수집 · 분류, 중재 · 소송 대응
형사	수사 단계	자료 준비 및 제출, 변호인 선임 및 의견서 제출
	공판 단계	소송 대응
행정	행정처분 전 단계	각종 민원 해결 지원, 유권해석 등 질의, 공정위 대응

	행정소송 단계	소송 대응
기타	Compliance	자율준수 프로그램의 구축 및 실시

실제로 법무팀은 열거하기 힘들 정도로 수많은 일들을 수행하고, 회사의 경영활동에 지원을 하고 있다. 하지만 외부 변호사와의 결정적인 차이는 바로 기업 경영에 있어서 전략을 세우고 이를 법적으로 뒷받침하는 데 있다고 할 수 있다.

나. 외부 변호사의 역할

사내 법무팀과 달리 외부 변호사는 기본적으로 법적인 검토의견을 제공하고, 기업이 스스로 수행하기 힘든 고난이도의 소송 수행을 담당하게 된다. 구체적인 Commercial strategy의 제공은 외부 변호사의 역할이 아니어야 한다. 외부 변호사가 법적인 의견을 제공하면 이를 바탕으로 판단을 내리고 Commercial 결정을 내리고 진행하는 것은 기업 경영자와 사내법무 담당 인력의 몫이어야 한다. 그러나 이는 원론적인 이야기이고, 내부 법무 인력을 충분히 보유하고 있지 않은 기업이라면, 특별한 자문 계약의 체결 등을 통해 법적인 의견에 기초한 전략적인 판단까지도 외부 변호사에게 의뢰할 수 있을 것이다.

다. 법무 지원의 중요성

법무 업무를 하다보면, '호미로 막을 것을 가래로 막는다'는 말이 와 닿는 경우가 많다. 계약 체결 단계에서 꼼꼼히 챙겼다면 미리 막을 수 있었던 일들과, '설마 그런 일이 일어날까?'라고 하며 대수롭게 않게 넘겼던 일들이 문제를 복잡하게 만들곤 한다.

따라서 법무 지원은 모든 일의 앞단에서부터 이루어지는 것이 바람직하다. 전문적인 지식을 가지고 예상되는 Risk를 파악하고 그 대응책을 마련해 가면서 일을 처리해 나가면, 일의 진행 경과 중이나 또는 결과가 크게 달라지기 마련이다.

3. 법무가 꼼꼼히 챙겨야 할 사항

가. 준법

무엇보다도 가장 중요한 것은 준법이다. 어떤 기업 경영활동이든지 그 업을 다루는 핵심적인 특별법들이 존재하고, 해당 법에서는 인허가가 필요한 사항이라든지 신고가 필요한 사항 등을 상세히 정하고 있다. 그 요건을 준수하는 것은 해당 업을 시작하는데 반드시 필요함은 물론이거니와, 그 인허가를 유지하는 데에도 필수적인 요건이 된다. 때에 따라서는 관련 법률이 벌칙 규정을 두고 있어서, 미준수 시에는 강력한 처벌 규정을 두고 있기도 하다.

나. 시스템 정립과 상시 개선

아무리 좋은 법률서비스를 지원할 준비가 되어 있다고 하더라도 해당 서비스를 받을수 있는 시스템 정립이 되어 있지 않으면 소용이 없다. 예를 들어, 기업 법무팀에 건설 계약과 관련된 경험과 지식을 가진 변호사들이 즐비한데 회사에 문의하는 사람이 없다면 이는 법무팀이 없는 것과 같다. 마찬가지로, 기업이 외부 변호사를 활용하는 경우에 있어서도, 어떤 문제가 이미 분쟁으로 발전해 버린 이후에 변호사를 찾게 되면 결국은 최선이 아닌 차선책을 선택할 수 밖에 없다. 기업은 내부적으로 Legal issue에 대하여 법무팀이나 외부 변호사에게 의뢰할 수 있도록 시스템을 정립해 두는 것이 필수적이다.

한편, 한번 발생한 문제와 같거나 유사한 문제들이 계속해서 발생하는 경우가 있다. 예를 들어, 불분명한 계약서 문구로 인해 특정 업체와 한차례 분쟁을 겪었으면서도, 해당 계약서 문구를 조정하지 않거나 혹은 어떻게 수정해야 하는지 알지 못해서 계속 방치하는 경우가 이에 해당한다. 법률 전문가에게 검토를 맡기고 진행을 하되, 또한 그 과정에서 발생한 문제들이 Lesson Learned로 반영될 수 있는 시스템이 정립되어 있어야 한다.

다. 사실관계에 대한 세밀한 조사

모든 법률 검토의견을 뒤흔들 수 있는 강력한 무기가 바로 “사실관계가 다르다"라는 무기이다. 아무리 훌륭한 변호사에게 법률 검토를 맡긴다고 하더라도 구체적인 사실관계가 달라지면 그 검토 의견은 가치가 감소된다. 따라서 법무 인력이 가장 신경써야 하는 부분은 사실관계에 대하여 세밀하게 조사하는 것이다. 특히, 소송까지 진행되는 경우를 고려하여 소송에서의 요건사실에 해당하는 구체적 사실관계는 꼼꼼히 챙기는 것이 필요하다.

라. Legal Issue와 Commercial Issue의 구분

때때로 법무팀이나 외부 변호사에게 요청하는 일의 성격이 법적인 문제가 아니며 이익과 불리를 따져야 하거나 경영자로서 결단을 내리면 충분한 문제인 경우가 있다. 예를 들어, 계약 협상을 하면서 상대방 업체에게 대금 지급을 일찍 하는 대신 상대방 업체의 이행 지체시 지체상금을 높이기로 협의를 한 후 이를 법무팀에 의뢰하는 경우 등을 생각할 수 있겠다. 이는 일견 Legal issue로 볼 여지도 있겠으나, 상위 계약 Flow down의 문제 등이 없는 한 기본적으로는 협상의 담당자들이 충분히 결정할 수 있는 Commercial issue로 보아야 할 것이다. 다만, 법무 담당자는 이런 경우에 있어서 법적인 문제가 발생하지 않는다면 Commercial issue에 대해서는 경영자나 협상 담당자의 의사 결정이 필요하지 법무팀이 나서서 계약 내용을 조정할 것은 아니라는 점을 분명히 설명해 주어야 한다.

제2장

제조업과 기업 법무

1. 대기업의 물품공급계약 방식의 이해

제대로 된 법률 서비스를 제공하기 위해서는 관련 업무의 특성을 이해하는 것이 선행되어야 한다. 업의 특성을 파악하지 못하면, 그에 수반되어 나타날 수 있는 다양한 법적 문제들을 이해할 수 없고 또한 법적인 의견을 개진할 수도 없다.

가. 기본 절차

최근 대기업의 조달팀은 내부적으로 각자의 조달 시스템을 구비하고 업무를 진행하는 것이 통상이다. 기업의 조달 시스템은 업체별로 상이하나 대략적으로 다음의 절차를 따른다. 이를 이해하면 제조업을 영위하는 기업에서는 계약 체결 및 이행에 있어서 어떤 점을 유의하고 계약 체결 및 이행시 어떻게 준비해야 할지에 대한 대략적인 그림을 그릴 수 있게 된다.

참고) 구매 절차

단계	내용	특징
구매자의 Spec. 제시	필요한 물품의 상세 내역을 작성하여 등록된 Vendor 들에게 송부함.	사업 수행 Schedule에 따라 발주를 하게 됨.
Vendor의 Spec. 제출	Technical Spec.을 제출함.	Technical Spec.이 구매자가 제시한 조건에 완전히 부합하지 않는다고 하더라도

		Performance에 문제가 없는 변경 조건을 제출하기되 함.
구매자의 승인	제시된 변경 Technical Spec.에 대하여 수용 가능한 경우 구매자가 승인함.	
Commercial 조건 협의	Technical Spec.에 부합하는 Vendor들 중 가격 경쟁력이 있는 Vendor들과 세부적인 구매 조건을 협의하여 결정함.	구매자가 사전에 만들어 놓은 일반조건을 바탕으로 특수조건을 협의해 나가게 됨.

나. 문제의 소재

구매 절차에서 담당자들이 간과하거나 세밀하게 협의하지 않은 부분들이 결국 추후 분쟁으로 이어지게 된다.

2. 대표적인 분쟁의 양상

가. 계약 조건에 대한 해석 다툼

체결된 계약의 내용에 대해 계약을 체결한 양 당사자가 상호간에 동일한 문구를 다르게 해석하고 이를 상대방에게 관철시키려고 하는 경우가 많다. 결국 이는 자신에게 유리한 방식으로 계약을 해석하는 경우 금전적인 이익이 발생하기 때문에 일어나는 현상이라고 볼 수 있다.

나. 계약 조건의 불비

사전에 특정 상황이 발생했을 경우를 대비하여 계약상 합의를 했었어야 함에도 불구하고 당사자 사이의 명시적인 약정을 확인할 수 없어서 분쟁화되는 경우도 많다.

다. 책임 소재

금전채무의 이행 여부는 비교적 쉽게 확인을 할 수 있으나, 기타 의무의 완전한 이행 여부는 확인하기 어려운 경우가 대부분이다. 예를 들어, Vendor는 손상 없는 물품을 포장하여 발송하였으나, 도착지에서는 물품이 제대로 작동하지 않거나 파손된 것을 발견한 경우, 사전에 계약적으로 정밀하게 규정해 두지 않았거나 중간 중간 물품의 상태를 체크할 수단을 마련해 두지 않은 이상 이는 곧바로 분쟁으로 발전될 것이다.

3. 구매계약서(Purchase Order)의 일반적인 내용

구매계약서는 계약 특수조건(Special Conditions)과 계약 일반조건(General Conditions)로 구성되고 별도로 Technical Conditions를 계약 조건에 포함되는 것으로 정하는 경우가 일반적이다.

구매 계약서의 일반적인 내용을 본격적으로 다루기에 앞서, 먼저 이해하여야 할 것이 있다. 그것은 제조된 제조물이 주로 어떻게 제조되고 어디서 쓰이느냐 하는 것인데, 산업에서 판매되고 소비되는 물건들은 여러 가지로 나눌 수 있지만, 아주 크게 분류하면 다음 두 가지 경우로 나눌 수 있다.

첫째는, 구매자 스스로가 사용하고 소비하기 위한 경우, 즉 구매자가 최종소비자인 경우이다. 용접 업무가 많은 회사에서 용접봉을 주문하여 사용하는 경우 등을 상정할 수 있겠다.

둘째는, 구매자가 타 업체로부터 특정한 물품을 구매하여 그것을 가공, 조립, 수정 등의 과정을 거쳐 최종 소비자에게 인도하는 경우이다. 즉 최종소비자는 다른 사람인 경우이다. 실제 산업에서 상당부분은 위 두 번째 경우에 해당할 것이고, 분쟁 역시 두 번째 경우가 더욱 복잡한 양상으로 진행된다.

예를 들어, B라는 업체는 A라는 업체로부터 산업용 탱크를 납품해 달라는 요청을 받아서 계약을 체결하고 이행하려고 한다고 가정하자. B라는 업체는 탱크와 관련하여 필요한 설계 능력과 용접기술을 보유한 전문인을 보유하고 있지만, 제작에 필요한 강판은 타 업체인 C로부터 공급받아야만하고, 세밀한 계기장치는 또 다른 업체인 D업체로부터 납품을 받아야만 제작이 가능한 상황이다.

그렇다면, B업체는 자신에게 주문을 한 A업체와 자신이 납품을 받아야 할 C, D 업체 사이에서 많은 부분을 신경 쓰고 고민과 검토를 거쳐 전략적인 판단을 해야 할 것이다. 당연히 계약도 그에 맞게 체결을 해야 한다. A에게 맞추어 주어야 할 납기일은 6개월 후로 먼저 협상을 끝내고 난 후 뒤돌아서서 C에게 일정을 이야기 하니 C는 도저히 불가능하다고 할 때, 부랴부랴 다른 업체를 수배하니 가격이 C 업체의 1.5배 이상인 경우 B업체로서는 난감한 상황에 처하게 될 것이 뻔한 것이다.

변호사에게 계약서를 써 달라고 할 때, 고객에 따라서는 "알아서 잘 써 달라"라고 하는 경우가 많으나 이는 변호사의 역할에 대해 의뢰인과 변호사 사이에 Communication이 불충분했기 때문에 발생하는 것이다.

변호사는 ① 우선 해당 산업이나 업 영역에 대한 이해를 해야 하고, ② 관련 법률에 대한 필요한 수준의 지식을 가지고 ③ 내 의뢰인의 현재 position과 역할을 정확히 이해한 후 ④ 계약 당사자가 진정 마음속에 가지고 있는 것이 무엇인지를 끌어내어 이를 법적인 언어로 완성해 내야 한다.

유능한 변호사는 그 과정 전반을 이끌어 나가고 계약상 사용된 언어 하나하나가 나중에 불필요한 분쟁을 야기하지 않도록 할 전문인으로서의 책임을 지는 것이다. 따라서 무엇보다도 변호사에게는 다양한 실무 경험과 제대로 업무를 이끌고 나가는

능력이 중요한 것이다.

앞서 언급된 두 가지 큰 구매 형태를 이해하면, 내 의뢰인이 어떠한 position에서 어떠한 역할을 수행하는지를 알 수 있고, 상황에 맞는 정확한 계약 내용 작성과 협상이 비로서 가능해 진다.

본 구매계약서에 대한 설명 파트는 B라는 업체가 타 업체인 C 로부터 특정한 물품을 구매하여 그것을 가공·조립·수정 등의 과정을 거쳐 최종 소비자인 A에게 인도하는 경우를 염두에 둔 설명이라는 점을 미리 밝혀두는 바이다.

가. 계약 특수조건에서의 중점 체크 사항

계약의 특수 조건에는 당사자, 계약일, 전체 구매 대금, 보증증권(Bond) 금액, 지체상금, 물품의 인도일 등 해당 계약에서의 특수한 사항을 담게 되며 물품 구매계약(Purchase Order:PO)의 경우 한·두장으로 구성되는 것이 보통이다.

1) 당사자의 기재

법인 사이의 계약일 경우, 평소 거래를 하던 업체라고 하더라도 반드시 법인 등기부등본을 확인하여 대표자가 누구인지 확인을 하는 것이 필요하고 계약서에 서명하는 당사자에 대하여서는 반드시 Power of Attorney(POA)나 위임장을 통해 대리권을 확인하는 것이 필요하다.

2) 준거법에 따른 약인의 확인

주문제작 방식으로 공급되는 물품들의 경우 구매자는 상위 발주처의 Needs에 따라 Commercial 조건을 제외한 계약 일반조건 등을 발주처에 제시하여야 하는 경우가 있고, 발주처가 외국법인 등일 경우 영미법을 준거법으로 하는 경우가 많다. 이러한 경우에는 계약서상 약인(Consideration)의 존재 여부를 한번 확인하는 것이 좋다.

3) 구매 대금 등 조건의 확인

가격에 포함된 사항과 그렇지 않은 사항을 명확히 알 수 있도록 기재하는 것이 필요하다. 부가세 포함여부와 같은 기본적인 사항 등 물품구매대금에 포함되어 있는 것과 그렇지 않는 것을 명확히 알 수 있도록 기재하는 것이 필요하다. 또한 물품 대금에 비례하여 제출할 이행보증증권의 금액이 정해지는 것이 보통이므로 그 금액과 조건을 상세히 확인하여 준수 가능한지를 반드시 확인하여야 한다. 회사의 신용상태가 불량하여 구매자가 요청하는 이행보증증권을 제출하지 못하면 처음부터 계약 불이행의 책임을 지게 되므로 이 또한 유의하여야 한다.

4) 일반조건의 변경 사항

일반조건을 변경한 사항은 반드시 그 내용을 정확히 숙지하여야 하고 변경의 진정한 의미를 파악한 후 계약 체결에 임하여야 한다.

나. 계약 일반조건에서의 중점 체크 사항

1) 정의 조항

계약서에서 별도로 정의 조항을 삽입하게 되면 계약의 해석에 있어서, 약정한 정의 조항대로 해당 계약서를 해석하는 것이 원칙이다.

만약 계약서에 다음과 같이 기재가 되어 있다면 사소한 계약 위반과 관련된 분쟁의 결과는 크게 달라질 수 있다.

> 본 계약에서 '법률'이라 함은 본 계약의 내용과 본 계약에 적용되는 모든 법률을 말한다.
>
> (…)
>
> 계약 당사자 일방이 중대한 과실로 계약을 불이행한 경우 상대방 당사자는 언제든지 계약을 해지하고 약정된 금액을 청구할 수 있다.
>
> 다음의 경우 중대한 과실이 있는 것으로 본다.
>
> 가. 법률의 위반
>
> (…)

2) 인·허가(License and Permits)

인허가와 관련하여서는, 인허가를 발급받는 주체가 누가 될 것이며 그 과정에서 발생하는 비용은 누가 부담할 지에 대하여 명확히 규정하는 것이 필요하다. 계약서상 구매자인 A라는 업체가 인허가를 받게 되어 있지만, 그 비용의 부담 주체에 대해서는 명확히 기재되어 있지 않는 경우가 종종 있는데, 그 경우 A 업체는 인허가의 취득 주체가 자신이기 때문에 계약서상 그렇게 기재가 된 것일 뿐 비용 부담은 당연히 물품 구매대금을 받는 제조사 B라는 입장을 내세우는 경우가 있기 때문이다.

한편, 애당초 인허가를 받는 주체가 될 수 없는 업체가 인허가를 받는 것으로 계약서상 기재되어 있어서 계약의 이행에 있어서 계속 지연이 발생하고 나중에는 지연이 누구의 책임인지 다투게 되는 경우도 있다.

3) 역무 범위(Scope of Work)

일반적으로 구매자의 입장에서는 제조사의 역무 범위를 최대한 포괄적으로 기재하는 것이 좋고, 제조사의 입장에서는 열거식으로 나열하는 것이 유리하다.

실무상으로는 역무 범위의 조정이 문제되는 경우가 많다. 구매자에게 언제든지 역무 범위를 변경할 권한을 수여하면 제조사는 정상적인 이행에 차질을 빚게 된다. 따라서 구매자의 역무 범위 변경권에 대한 합의 조항을 삽입하는 경우에는, 제조사는 최대한 그 권한의 시간적·물리적·내용적 한계를 명확히 기재하는 것이 필요하다. 반면 제조사가 역무 범위에 대한 변경권을 일부 가지는 것으로 하는 경우에도, 역무 범위 개선이나 수정 제안의 전제 조건 및 그 한계 상황을 명확히 하는 것이 필요하다. 특히 Technical Spec.에 대하여 사전에 최대한 상세하게 정한 경우에도 분쟁은 발생할 수 있다.

만약, 특정한 부품을 사용하여 제조물을 제조하기로 합의하였는데, 해당 부품이 더 이상 생산되지 않고, 가격은 더 싼데 기능이 개선된 부품이 나왔다고 가정해 보자. 제조사로서는 개선된 부품을 사용하지 않을 이유가 없다. 따라서 특이사항이 없는 한, Performance에 문제가 없는 개선된 부품으로 교체할 권리를 인정할 것인지에 대해서 사전에 협의해 두는 것이 요구된다. 특이사항이란, Prototype은 사용할 수 없다는 상위 발주처의 요구사항이 있었고 이를 제조사도 알고 있었다거나, 제조물의 부품 역시도 List에 등록된 업체만을 사용하도록 사전에 약정한 경우 등을 말한다.

4) 설계(Design)

구매자는 제조사에게 설계와 관련하여 무수히 많은 책임을 지운다. 설계 자체가 정확할 것은 물론이고, 해당 물품이 사용되는 곳의 안전관련 기준에 적합하고 더 나아가 설계대로 제작되는 제품이 각종 국제 기준에도 부합할 것을 요청하는 등, 세밀한 요구사항을 계약서에 넣는다.

설계 역시, 그 변경권에 대해 계약을 체결하는 양 당사자의 세부적인 협의가 필요한 부분이다.

발전소에 들어가는 제품을 납품하는 업체 B가 통상 자신이 하던 대로 설계를 하고 제품을 제작하던 중, 발전소가 세워질 나라가 동남아 지역이어서 0도 이하로 기온이 떨어지는 환경 자체를 염두에 둘 필요가 없어져서 Heater 부분에 대한 설계를 삭제해도 된다는 것을 업무 수행중에 알아차렸다고 가정해 보자. B로서는 해당 설계를 변경하고 관련하여 절약되는 비용을 자신의 이익분으로 계산하고 싶어 할 것이고, 구매자인 A는 그 절약된 비용을 근거로 물품대금을 줄이고자 할 것이다.

5) 제조사의 업무 수행 방식

제조사는 제조를 함에 있어서 통상 해당 산업에서 기대되는 표준적인 방법을 사용하고 신의 성실의 원칙에 입각하여 역무를 수행할 것이 요구된다.

그런데, 계약서상에 '통상 해당 산업에서 기대되는 표준적인 방법' 이라고만 규정해 두는 경우, 나중에 제조사의 역무 수행 방법에 대하여 구매자와의 사이에 의견 불일치가 발생하는 경우가 종종 있다. 구매자와 제조사가 각각 다른 방식으로 수행할 것을 머릿속에 상정하고 계약을 체결하게 되면 예기치 못한 상황이 발생할 수 있는 것이다.

정확히 부합하는 상황은 아니지만, 예를 들어, B라는 제조사는 제조된 물품에 대하여 구매계약서상 현장에서의 설치 업무까지도 하는 것으로 정한 것을 근거로 하여, A라는 구매자에게 현장에서 설치 전의 마무리 작업을 할 수 있도록 필요한 공간을 내어줄 것을 요구하는 반면, A는 전혀 그럴 용의가 없는 경우가 일어날 수 있다. B로써는 마지막 minor 공정을 vendor shop에서 하는 것이 지극히 비효율 적이거나, 과도한 추가 비용을 발생시키기 때문에 자신의 입장을 굽히려고 하지 않을 것이고, 자신과 동일한 업종을 영위하는 타 업체들 중 자신과 같은 방식으로 작업을 수행하는 업체를 예로 들며 자신의 입장을 관철하려고 할 것이다. 반면 A는 B의 요구조건을 수용하는 경우, 현장의 전체 설치나 공사 작업에 차질을 빚게 될 수 있다.

6) 선언 및 보증

제조사는 자신이 납품하는 제조물에 대하여 제조사 자신이 완전한 권리를 가지고 있음에 대한 선언을 하게 되고, 만약 제조물이 타인의 지식재산권을 침해하는 것으로 밝혀지는 경우, 그로 인하여 구매자에게 제기되는 모든 Claim과 소송에 대한 책임을 지는 것으로 선언하거나 보증하게 된다.

7) 매뉴얼, 도면 및 보고서

판매되는 제조품이 설치를 염두에 둔 경우에는 제조사는 구매자에게 설계도면, 보고서, 가이드라인, 매뉴얼, 프로그램, 데이터 등 각종 자료를 제공하는 것으로 약정하게 된다.

그리고 그러한 자료들의 정확성과 목적적합성 등에 대해서도 책임을 지는 것으로 정하는 것이 보통이다.

만약, 해당 제품의 실제 사용자가 따로 존재하는 경우 등에는 구매자로서도 설계 단계에서 문제가 없는지를 확인하는 기회를 갖는 것으로 정하게 되는데, 종종 여기서 문제가 발생하기도 한다. 제조사는 구매자의 확인이 있었던 점을 근거로 추후 발생한 문제에 대하여 책임을 지지 않으려고 하는 반면, 구매자는 최초 구매자가 제시한 Spec.을 준수하는 것은 기본전제이기 때문에 비록 구매자가 설계도면에 대하여 확인을 하였다고 하더라도 여전히 제조사가 책임을 져야 한다고 주장하게 된다.

설계 도면의 변경과 관련하여서는, 그 도면의 변경이 전체 공정 지연을 야기시키는 경우, 반드시 제조사로 하여금 구매자에게 보고하고 의사결정을 받아 진행하도록 하기도 한다.

해당 매뉴얼, 도면, 보고서 기타 자료들의 제출 시기를 사전에 특정해 주는 것도 잊지 않아야 한다.

8) 운송 조건

운송과 관련하여서는 인도 조건을 설정하고 각 단계별로 발생하는 비용을 누가 부담하는지에 대하여 세밀하게 사전에 정하는 것이 요청된다. 운송과 관련하여서는, 제조된 제조물이 운송중에 파손된 경우나 수출입 및 통관 절차에서 발생한 비용 부담의 주체에 대한 분쟁 등 여러 분야에서 실무상의 쟁점이 있다.

반드시 위험의 이전 시점을 명확히 기재하여, 물품 파손에 대하여 대비를 하는 것이 중요하고 관련 보험의 가입 주체와 비용 부담의 주체를 정하는 것이 필요하며, 이와 관련하여 대금 지급은 어느 순간에 어떻게 지급할 것인지 등에 대한 전체적인 구도를 짜는 것이 중요하다.

만약 운송중 물품이 파손되어 재조달이 필요한 경우, 구매자 자신이 실수요자인 발주처에 대하여 막대한 지연 책임 등을 지게 될 것이므로 그런 상황이 발생하는 경우 수리 및 운송에 소요되는 비용과 시간을 어떻게 할 것인지를 충실히 논의하여야 한다.

한편, 포장에 대하여서도 종종 문제가 발생하는데 불분명한 기재는 심각한 분쟁을 촉발시키는 원인이 된다.

"산업에서 통상 기대되는 수준의 포장"이라고만 기재하게 되면, 제조사인 B라는 업체는 자신이 늘 하던 방식의 포장을 고수할 것이고 구매자는 그것에 대하여 불만이 있는 경우 이의를 제기하게 될 것이다.

그리고 제조사가 제시하는 보관 방법에 대하여 전체 계약서상 어떠한 우선순위를 부여할 것인지에 대한 고민도 필요한데, 제조사는 비를 맞히지 말라거나 고온 다습 지역에서의 장시간 보관 등을 하지마라고 하는 등 각종 유리한 기재들을 하거나 Marking을 할 것이고, 반면, 구매자는 그러한 환경을 다 고려하여 포장을 했었어야 한다고 주장하면서 분쟁화 될 소지가 있다는 점을 유의해야 한다.

Shock indicator의 활용 여부에 대한 명확한 사전 협의도 요구된다. Vendor shop에서 구매자 역시 최종적인 육안 검사를 수행하였다고 할지라도, 도착지에서는 포장을 열어 보았을 때 물품이 파손된 것을 발견하는 경우가 종종 있다. 이러한 경우를 대비하여 그 제조물이 작은 충격에도 쉽게 내부 파손이 발생할 수 있는 특성을 가졌을 경우에는, 반드시 shock indicator 등의 설치를 제조사의 의무로 해 두는 것이 필요하다.

9) 소유권의 이전 및 위험부담

구매자와 제조사 사이에 소유권의 이전 시점이 문제되는 경우가 많다. 해당 논의의 시발점은 제조사의 재정 상태가 악화되는 상황을 상정했을 경우인데, 구매자로서는 제조사의 다른 채권자들로부터 구매자 자신이 비용을 대고 제조중인 물품을 보호하려는 욕구가 있는 반면, 소유권의 이전 시점을 무작정 앞당기게 되면 제작물 공급계약이 도급의 성격을 띄는 경우, 그 수령 거절을 법적으로 어떻게 평가해야 하는지가 문제될 수 있다.

만약, 구매자가 기성금을 지급하는 방식으로 제조사로부터 제작물을 공급받는다고 가정하자. 이때 구매자는 자신이 기성금을 낸 부분에 대해서는 자신이 소유자라고 약정하면서 동시에 완성된 물품이 Spec.이나 기타 계약상 약정한 것과 부합하지 않는 경우 인수를 거절할 수 있다고 정하게 된다.

그렇다면 자신이 소유한 물건에 대하여 인수를 거부하는 것을 법리적으로 어떻게 논리 구성할 지에 대한 문제가 남게 된다.

우리나라 민법은 채무자위험부담주의를 채택하고 있다. 그런데 제작물공급계약에서는 그 위험의 이전 시기와 책임의 범위 등이 보다 자세히 규정된다. 소유권은 구매자에게 있으나 여전히 일정시점까지는 제조사가 위험부담을 하는 것으로 정하면서, 불가항력 사항이 발생하는 경우 어떻게 처리할 지에 대해서도 상세한 약정을 하는 것이 보통이다.

10) 지연

제조사는 적기에 물품을 제조하고 공급하여야 하겠지만, 부득이한 사정으로 인하여 그 이행기를 준수하지 못하는 상황도 염두에 두어야 한다. 민법의 기본원리로 돌아가서 통상손해 및 특별손해를 처리하는 방식대로 처리하면, 제조사에게는 과도한 책임이 돌아가게 되는 경우가 많다. 따라서 지연에 대해서는 사전에 지체상금을 정하여 두는 것 등이 필요하다.

한편 지체상금 규정을 둔다고 하더라도 구매자가 여전히 청구할 수 있는 손해에 대해서는 구분하여 기재하는 것 등도 고려하여야 한다.

11) 품질 보증(Quality Assurance, QA)

가) QA란 무엇인가

제조사는 품질에 대한 전적인 책임을 지게 된다. 경우에 따라,

제조사는 품질보증 프로그램과 절차를 제출하여 구매자의 승인을 받는 것으로 하고 구매자의 지적사항을 반영하여 품질보증 활동이 정상적으로 수행될 수 있도록 최선을 다할 책임을 진다.

나) 수정작업 의무

구매자의 지적사항이 있는 경우, 제조사는 당연히 오류 사항이나 실수가 있는 부분에 대한 수정 작업을 할 의무를 지는 것으로 합의하게 된다.

그런데 제조사와 구매자 모두가 제대로 확인하지 못한 문제가 있었고, 그것이 구매자의 지적사항에도 포함되어 있지 않았기 때문에 그것이 누구의 책임인지 여부가 문제되는 경우가 많다. 그러한 경우를 대비하여 통상적으로는 구매자의 검토를 받은 것을 이유로, 제조사가 계약상 책임을 다하지 못한 것이 면책되지 않는다는 취지로 계약을 작성하는 것이 보통이다.

다) 구매자의 접근권

제작물공급계약의 본질과 밀접히 관련되는 주제가 바로 구매자의 접근권과 관련된 것이다. 제작물공급계약의 경우 판례는 제작물이 대체물인지 부대체물인지 여부에 따라서 매매계약의 법리를 적용할 것인지 또는 도급계약의 법리를 적용할 것인지를 판단하고 있는 입장이다.

그런데, 철저한 도급계약의 기본 개념을 적용시킨다면 구매자는 제조되는 물품에 대한 접근권을 가질 필요가 없어야 함에도 불고하고, 그 제조물이 가지는 중요성 때문에 구매자는 자신이 제조사가 수행하는 역무에 대하여 관리 · 감독 · 간섭할 각종 수단을 계약상 구비하려고 노력하게 된다. 구매자 자신이 검사를 실시하고 테스트할 수 있도록 제조사가 수행중인 역무 자체에 대하여 구매자의 접근권을 확보하는 방향으로 계약을 체결하려고 노력하게 되며, 제조사로 하여금 최대한 협조할 것을 요청하는 것이 보통이다.

따라서, 제조사로서는 자신의 영업비밀과 관련된 장소에 대한 접근이 처음부터 불가하다는 일반적인 내용을 계약에 반영하는 것은 물론이고, 접근권의 한계에 대해서도 구체적으로 설시하는 방향으로 계약을 체결하는 것이 필요하다.

라) 품질 관리(Quality Control, QC)

제조사는 품질 관리와 관련하여서도 포괄적이고 광범위한 의무를 지는 것으로 계약을 체결하게 되는데, 자신이 수행하는 설계, 조달, 조립, 장비의 검사 등에 대한 모든 책임을 지는 것으로 한다. 이때 역시 구매자로부터 검토와 지적사항을 수령하고 이를 개선하고 반영하는 것으로 약정하는 것이 보통이다.

제조사는 품질관리 프로그램을 작성하여 구매자에게 제출하면서, 다음과 같은 주요사항을 포함시키기로 하는 것이 보통이다.

① 품질관리팀의 조직도 (품질관리 책임자)

※ 당연히, 품질관리팀 구성원 및 관리책임자가 될 수 있는 자격 요건에 대해서도 구체적으로 정하는 것이 좋다

② 품질관리의 범위 및 기능

③ 품질관리 수행의 방법과 기준

12) 시험과 검사(Testing and Inspection)

시험과 검사의 개념을 정확히 구분하기는 어렵다. 다만 Test(시험)라는 용어는 해당 물품이 가지기로 한 performance를 충족하는지에 초첨을 맞춘 내용이 주를 이루고, Inspection(검사)은 육안으로 하는 visual inspection이나 각종 도구를 이용한 내부 검사(예를 들어 borescope를 통한 내부 검사)를 염두에 두고 계약 당사자의 권리와 의무를 기재하게 된다.

가) 공장에서의 시험(Factory Tests)

계약상 구매자는 제조사로 하여금 여타의 물품을 제조할 때와 마찬가지의 통상의 절차를 거쳐서 물품을 완성할 것을 주문한다. 즉, 시간에 쫓기거나 납품 물량에 쫓기게 되어 중간 중간 필요한 절차를 밟지 않고 물건을 제조하는 경우를 막기 위한 요구사항이다.

구매자로서는 제조사가 통상의 절차를 거치는지 여부를 알기 어려우므로, i) 해당 절차가 무엇인지에 대한 상세 설명자료, ii) 어떤 시험을 거치는 것이 standard인지 iii) 그 결과치는 어떻게 나오는 것인 정상인지 등에 대해서, 계약 이후 일정 기간 이내에 구매자에게 제출할 것을 제조사의 의무사항으로 요청하게 된다.

이때, 구매자로서도 잘 알고 있는 통상의 시험 내역이 누락되어 있다면 구매자는 해당 시험을 추가해 줄 것을 요청할 수 있는 것으로 정하는데, 특정 물품을 지속적으로 제조해 온 제조사가 해당 물품에 대해서는 더 많은 지식과 경험을 가지고 있으므로 과연 어떤 시험 내역이 통상적인 것인지와 그 필요성에 대해서 제조사와 구매자 상호간에 의견 불일치가 있을 수 있다. 완성된 제조물이 필요한 제 기능을 발휘하는 경우에는 시험 단계에 대한 논란의 소지가 없겠지만, 결국 제 기능을 발휘하지 못할 때, 적절한 시험이 이루어 졌는지를 두고 다툼이 본격화 될 것이다.

기업의 조달팀은 발주 · 구매담당자와 Expeditor를 명확히 구분하는 경우도 있고 또는 한사람이 특정 물품에 대하여 모든 업무를 담당하는 경우도 있다. 구매자의 입장에서는 각각의 경우에 있어서 장단점이 명확히 존재한다.

조달팀 업무 수행 방식	장단점
구매 및 Expediting 업무 담당자 동일	▲장점: Expeditor가 재구매 결정 등에 큰 영향을 끼친다는 사실을 제조사 측에서 알고 있으므로, Expediting 업무 수행이 용이하다.
	▼단점: 구매자 입장에서는 구매 담당자의 집중도 분산으로 여러 물건의 구매 업무를 동시에 맡기기 어려워진다.
구매 및 Expediting 업무 담당자 별도	▲장점: 대규모 프로젝트 수행에 있어서 발주와 구매 담당자는 해당 업무에 집중할 수 있고, Expeditor는 납기 준수에만 집중할 수 있게 된다.
	▼단점: Expeditor가 재구매 결정에 있어서 상대적으로 적은 영향력을 끼친다는 사실을 제조사 측에서 알고 있으므로, Expediting 업무 수행에 어려움을 겪을 수 있다.

구매자로서는 Expediting 업무 및 제대로 된 시험을 거치고 있는지 여부를 확인하는 것이 필요하므로, 제조사의 공장 또는 shop에 접근권을 가지고 인원을 파악하여 확인할 수 있다는 점을 사전에 계약상 명기하게 된다.

나) 공장에서의 검사(Factory Inspection)

공장에서 만들어진 물건에 대한 각종 검사 역시 요구된다. 조달계약서상의 Inspection은 Test와 구분하기 어려울 정도로 비슷하지만 외표검사를 위주로 하면서 물품의 상태에 대하여 확인한다는 의미에서 약간은 다른 의미로 계약상 주로 사용된다.

(1) 검사의 중요성

한국에 shop을 둔 B 업체가 물품을 제조하여 일본에 있는 A 업체에 납품을 하기로 했다고 가정해 보자. 이때 일본의 A업체에서 인원을 파견하여 vendor shop에서의 Inspection을 하지 않았다면, 일본에 도착한 이후 물품의 상태가 정상이 아닐 때 누구의 잘못으로 물품이 문제가 있는지 확인하기 어려운 상황에 직면할 것이다. 따라서 공장에서 포장을 하기 전 제조물과 포장을 한 이후에 포장된 화물에 대하여 최종적인 검사를 하는 것이 반드시 필요하고, 부득이 여의치 않을 경우 사진이나 동영상 등으로 최소한의 상태를 알 수 있도록 해 두는 것이 반드시 필요하다.

(2) 검사의 시기와 방법

제조된 물품은 반드시 운송의 과정을 거치게 되는데, 운송이 시작되기 전 반드시 완성된 제조물에 대한 육안 검사가 이루어져야 한다.

운송을 포함한 물품의 전체 이동 과정에 있어서 아래와 같은 일련의 검사가 이루어진다는 사실을 이해하면 책임 소재를 밝히는 데 있어서 Inspection이 얼마나 중요한지 알 수 있을 것이다.

참고) FOB 상황을 가정한 각종 검사

검사시기	주요 내용	비고
물품 완성후 포장 전	제조사와 구매자가 물품의 물리적 상태를 점검하고 파손된 부분이 없는지 확인함.	구매자측 및 제조사 측이 모두 검사하고 사진 등을 첨부하여 보고서 남기게 됨.
포장 후	계약서상의 요구사항대로 포장 되었는지 여부를 확인함.	Shock Indicator 설치 여부와 각종 포장 관련 표시를 확인함.
트럭 · 트레일러 선적과정	제조사와 내륙운송 Forwarder 가 선적 과정을 진행하고 확인하며 사진으로 기록을 남김.	필요한 경우 Surveyor 참석 및 Report 작성
선박 선적 전	선적 전 화물의 상태를 검사하여 포장이 찢어지거나 빗물에 젖었는지 여부 등을 확인함.	Surveyor 가 있는 경우 참석 및 Report 작성.
선박 선적 과정	선적 중에 화물을 떨어뜨리거나 잘못 Handling하여 포장 자체의 파손이 발생하는지 등 전 과정을 확인함.	Surveyor 가 있는 경우 참석 및 Report 작성.
선박 선적 완료시	선장이 visual check를 실시하고 해당 상태를 Mate's Receipt 에 기재함. Mate's Receipt의 기재 사항이 B/L의 Remark 란에 기재되게 됨.	Surveyor 가 있는 경우 참석 및 Report 작성 Clean B/L 발행에 대한 이면계약 작성이 빈번함.
하역 전	도착지항에서 하역 전 상태를 확인함.	Surveyor는 일부 선박에 대해서는 사전에 승선 허가를 받아야 하는데, 그 시기를 놓쳐 하

		역 전 배 위에서의 상태를 남겨놓지 못하는 경우가 발생할 수 있음.
하역 과정	하역 중에 화물을 떨어뜨리거나 잘못 Handling하여 포장 자체의 파손이 발생하는지 등 전 과정을 확인함. 바닥에 내려 놓은 경우 또는 트럭이나 트레일러에 싣는 경우 등 화물이 바닥 또는 다른 vehicle에 touch되는 순간까지를 주의 깊게 확인함.	Surveyor 가 있는 경우 참석 및 Report 작성.
하역 후	내려 놓은 후의 상태를 확인함.	Surveyor 가 있는 경우 참석 및 Report 작성.
도착지에서	최종 목적지에서의 물품의 상태를 확인함. 구매자는 물품을 확인하고 문제가 있는 경우 즉시 사진 등으로 상태를 남겨두게 되며 파손을 발견한 사람은 Damage Report를 작성하게 됨.	제조사 보험사 등에 즉각적인 통지가 필요함.

그러나 주의할 점은 아무리 중간 중간 검사를 한다고 하더라도, 어디서 어떻게 발생한 것인지 알 수 없는 물품의 damage, loss 등의 위험은 상존한다는 것이다. 구매자와 제조사 모두가 서로 상대방의 책임임을 입증하기 어려운 불분명한 영역에 대비하여 운송과정에서는 Project Cargo 보험, 운송보험, 적하보험

등을 적절히 활용하여야 한다.

(3) 검사 확인증의 발급(Certificate of Completion)

물건의 검사가 끝나면 명확히 확인증 등을 발급하는 것으로 정하는 것이 필요하다. 검사가 끝나면 지체없이 검사 확인증을 발급하도록 하는 것이 좋다. 논리상 검사 확인증의 발급 주체는 검사를 실시한 자가 되어야 하는데, 구매자는 공장에서의 최종 검사에 참여하지 못하거나 간과할 여지가 크므로 제조사로 하여금 "제조사는 출고전 필요한 검사를 완료하였으며, 제조물이 계약상 요구조건에 부합하게 제조되었음을 확인한다"라는 문구를 넣어 확인증을 발급하도록 하는 것이 구매자에게는 유리하다. 반면, 제조사로서는 구매자가 공장에서의 마지막 외관 검사를 하도록 하고 이때 자신이 사전에 준비한 확인증에 구매자의 검사 담당자가 서명하도록 하는 방법이 있으나, 실질적으로 관철하기 쉽지 않을 것이다. 왜냐하면, 구매자로서는 최대한 마지막 순간까지 제조사를 책임에서 자유롭지 않도록 하려고 할 것이고, 도급계약의 법리를 적용하여 마지막까지 '일의 완성'여부를 문제 삼으려고 할 것이기 때문이다. 이와 더불어 계약상 제조물에 대한 위험부담을 제조사가 언제까지 지는지에 대해서도 계약 전체적인 구도 하에서 치밀하게 고민하여 결정되어야 하는 부분이므로 전문가의 도움을 받아 계약 내용을 확정하는 것이 필요하다.

다) 현장에서의 시험(Field Tests)

제조물이 현장에서도 제 성능을 발휘하는지는 제조사와 구매자 모두의 가장 큰 관심사 중 하나이다. Vendor shop에서 검사를 마쳤다고 하더라도 그 제품이 실제로 설치되어 사용될 장소에서 제 성능을 발휘해야만 비로소 제조사와 구매자 모두 안도의 한숨을 내쉴 수 있다. 제조물이 적정 환경 하(전압과 전류, 습도 등 기계류의 정상적인 작동에 필요한 사항 등)에 설치된 것이 맞는지 여부를 확인하는 것에서부터, 필요한 소모재(윤활유, 부동액, 물 등)가 제대로 공급되었는지, 최초의 설계서 대로 설계되어 기존 시설물과 제대로 연결되는지 등 기술적으로 확인하여야 할 사항이 수백가지 이상이 될 경우도 있다. 그러한 모든 사항에 대하여 구매자가 확인하는 것은 쉽지 않으므로 제조사는 필요한 technical advisory를 파견하여 조언을 하는 역무까지도 수행하거나 또는 처음부터 현장에서의 설치 업무 까지도 제조사의 역무 범위에 포함시켜서 계약하는 방식을 취하기도 한다.

경우에 따라서는 소모재 비용이나 적정 환경을 조성하는데 필요한 비용을 누가 부담하는지를 가지고 분쟁이 발생하기도 한다.

라) 사전 점검과 시운전(Preliminary Check-out and Test run)

사전 점검과 Pre-commissioning 및 Commissioning 의 실질적인 구분은 어렵다고 볼수 있다. 따라서 해당 역무에 대하여 그 이행 주체가 다른 경우에는 반드시 List up을 하여 그 수행

주체와 비용부담 주체 및 timeline을 설정하는 것이 요구된다.

통상 육안검사, 무부하 상태에서의 검사, 부하를 건 상태에서의 검사 정도로 개념 구분을 하여 이를 염두에 두고 수행주체와 비용부담 주체를 잘 구분하고, 만에 하나 놓친 부분이 발생한 경우 양 당사자 사이에 어떻게 처리할지를 계약상 잘 기재해 두면 큰 분쟁을 예방할 수 있다.

제조물을 포함한 전체 목적물의 실질적인 운전에 돌입할 준비가 끝났으면, 제조사는 구매자에게 서면으로 운전 준비가 완료되었음을 알리게 된다. 계약서에서는 통상 서면으로 무언가를 통지하면 그것이 비용지급 책임을 부담하는 시점이 되거나 기타 책임이나 위험이 변경·이전되는 시점이 되는 경우가 많다. 운전 준비의 완료(Ready for Start-Up)로 구매자가 제조사에게 특정 interim payment를 하는 것으로 하거나, 또는 상당수 책임으로부터 벗어나는 것으로 정할 수 있다.

마) 최초 부하시험(Initial Loading Test) 및 Reliability Run Test

제조사 B가 구매자 A에게 제조물을 납품하고, 구매자 A는 다른 물품의 제조사들로부터 납품을 받고 이들을 조합하여 설치하기로 했을 경우, 최종적으로 A가 최종목적물의 발주처에 대하여 성능보장을 해야 할 것이다.

구매자 A로서는 어떠한 경우에도 최종목적물이 제 성능을 발휘할 때까지 B를 계약상 책임으로부터 놓아 주지 않으려고 할 것이다. 이때 제조사 B는 계약 협상에 있어서 자신의 책임의 범위 만큼 충분한 금액을 대가로 받아낼 수 있도록 유의하여야 하고, 실수로 막중한 책임에 비해 턱없이 낮은 이윤을 챙기는 우를 범하지 않아야 한다.

최초 부하시험을 할 때에도 최초 부하시험에서 발주처가 요청하는 사항과 직접 구매자 A가 요청하는 사항에 대하여 면밀히 검토하고 그 요건(예를 들어, 48시간 연속 운행에 아무런 문제 없이 성공할 것)등이 타당하고 또한 달성 가능한 것인지에 대해 신중히 검토를 해야 한다.

바) 성능 시험(Performance Test)

구매자 A가 여러 업체로부터 제조물을 공급받아 최종 목적물을 완성하여 발주처에게 공급하기로 한 경우, 제조사 B로서는 기약 없이 구매자의 최종 목적물 완성을 기다릴 수만은 없는 것이다. 가장 실무상 문제되는 것은 하자보증기간이다. 제조사가 B역시 구매자 A에게 보증기간에 대해 약정하면서도 B의 하도업체인 C나 D로부터 보증기간에 대한 약정을 받고 A에게 특정 보증기간을 제공하게 된다.

만약 구매자 A가 자신의 귀책있는 사유로 장시간 최종 목적물의 성능 시험을 실시하지 못하는 경우, 하자기간과 시험의 결과치에 대해 제조사 B와 구매자 A사이에 어떻게 처리할 것인지가 사전에 명확히 규정되어야 한다.

따라서, 최초 부하시험(Initial Loading Test) 및 Reliability Run Test가 끝나고 적어도 약정된 기간 이내에는 성능 시험(Performance Test)을 하여야 하고, 지연이 구매자 A의 귀책사유로 발생한 것일 경우 어떻게 처리할 지에 대해서 계약상 약정해 두는 것이 반드시 필요하다.

성능 시험의 결과가 어떠한 결과치가 나와야 하는지는 다분히 기술적인 요소일 것이므로 관련 전문가들의 협의가 필요하다.

13) 보험(Insurance)

가) 보험의 효용

보험을 잘 활용하기만 해도 많은 분쟁을 예방할 수 있다. 분쟁에 있어서 대다수의 것들이 이미 발생한 손해나 추후 발생한 손해에 대하여 계약을 체결한 당사자들 모두가 책임을 회피하고자 하기 때문에 발생한다고 볼 수 있는데, 만약 적절한 보험에 가입이 되어 있다면 당사자들은 제3자인 보험사에 해당 위험을 전가해 두었으므로 당사자들의 분쟁은 현격히 줄어들 수 있게 된다.

나) 계약 전 검토하여야 할 사항

보험과 관련된 계약 문구를 협상하기에 앞서, 위험의 형태에 따라 대응 전략을 수립하고 수립된 전략에 따라 계약의 상대방과 협상을 해 나가야 한다는 점을 염두에 두어야 한다.

참고) 위험 관리의 기본 개념도

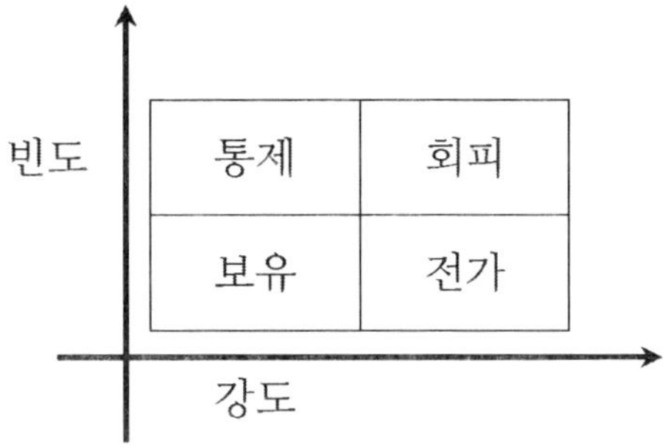

어떠한 위험이 자주 발생하지도 않고, 발생하더라도 기업의 경영에 큰 위협이 될 만한 금전이 소요되는 것은 아닌 위험의 경우 발생시마다 비용 처리를 하면 족할 것이다. 그런데 적은 금전이 소요 되지만 그것이 너무 자주 발생한다면 회사로서는 그 발생 빈도를 줄이는 장치를 마련하는 등에 대해 투자를 하는 것이 바람직하다. 예를 들어, 도난 사건이 자주 일어난다면 도난을 방지하기 위한 보안 장치를 설치하고, 종업원에게 경미한 부상이 자주 발생한다면 안전교육을 실시하거나 안전 시설을 확충하는 등의 예방책을 실시하는 것이 바람직한 것이다.

한편, 빈도는 낮으나 한번 발생할 경우 큰 피해를 입게 되는 경우가 있는데 바로 이 경우가 보험에 가입하여 위험을 전가하는 것이 가장 바람직한 경우라고 하겠다. 완성된 물품을 납품하기 위하여 운송하는 과정에서 가주 가끔씩 물품이 전손이 되는 경우 등을 대비하여 운송보험 등에 가입하는 것이 바로 그 예라고 할 것이다.

위험관리의 기초이론에 의할 때, 발생 빈도도 높고 그 강도도 큰 위험은 회피하는 것이 바람직하다.

이러한 기본적인 사항은 반드시 계약서 작성과 협상을 담당하고 있는 자가 숙지하여야 하며, 반드시 추후 발생 가능한 위험을 세분화하고 각각 위험에 대해 어떻게 처리할 것인지를 고민하여야 한다.

실무상으로는 변호사들도 많이 실수하는 부분으로, 간단히 특정 보험을 가입하고 그 보험료만 입찰 비용이나 대가에 산입하면 될 사항을 가지고 집요하게 상대방과 논쟁을 벌이는 일이 발생하기도 한다. 또는 계약의 전체적인 채무 내용에 비추어 위험의 빈도와 강도가 모두 크고 보험으로도 담보할 수 없는 영역이어서 상대방의 책임으로 하지 않는 이상 결코 계약을 성사시키지 않아야 함에도 불구하고 무리하게 계약을 성사시키는 경우도 있다. 때로는, 보험에 가입하였을 때의 효용보다 보험료 자체를

contingency로 책정해 두는 것이 나을 경우도 있으므로 정확한 지식과 분석을 바탕으로 계약 협상에 임하는 것이 필수적이라 하겠다.

다) 보험조항에서 주로 다루는 내용

제조사는 제조한 물품에 대하여 위험이 구매자에게 이전되는 시점까지 책임에서 자유롭지 않으므로 최대한 제조사에 책임이 남아 있는 기간 동안에 발생한 운송 중의 위험에 대하여는 보험을 가입하여 위험을 전가하는 것이 좋다. 제조사가 직접 보험에 가입하지 않는 경우, 구매자의 보험으로 처리가 가능한지 여부를 확인하여야 하고 보험 처리에 대한 구매자의 협조 의무를 반드시 계약상 명기하여야 한다.

통상 내륙운송만 이루어진다면 Inland Transportation Insurance를 구매하도록 하고, 해상운송도 포함되는 경우에는 Marine Cargo 보험을 구매하도록 한다. 구매자가 대규모 프로젝트를 수행하고 Project Cargo 보험을 가입하는 경우도 빈번하므로 운송중의 위험에 대하여 어떻게 처리할 지를 당사자들이 협의하고 계약서를 기재하게 되는 것이 보통이다. 운송과 관련된 보험은 주로 전위험담보조건(All Risks)으로 가입하므로 보험사의 면책 사유 부가에 대해서는 반드시 면책사유 부가의 이유가 무엇인지를 보험사 및 보험중개사로부터 확인하여야 한다.

14) 보장과 보증(Guarantee and Warranty)

가) 성능보장(Performance Guarantee)

제조사는 계약상의 목적에 따라 제 성능을 낼 것을 구매자에게 보장하게 된다. 특정 item별로 별첨이나 부록에서 상세히 그 기준값들을 나열하는 방식을 사용하기도 한다.

나) 구제책(Remedial Action)

만약 첫 번째 성능시험에서의 결과치가 계약상 요구조건을 충족하지 못하는 경우, 제조사는 최선을 다하여 특정 시간(예를 들어, 2개월) 내에 최선의 노력을 다하여 수리를 하여야 하고 해당 비용에 대한 책임을 지기로 하는 약정을 하게 된다.

다) 성능에 대한 지체상금(Performance Liquidated Damages) 부과

일정 기간 동안 수리할 시간을 주었음에도 불구하고 제조물의 상태가 일부 제 성능을 내지 못하는 것으로 확정된 경우에는 성능에 대한 지체상금을 부과하는 것으로 합의할 수 있다.

Category	성능미달에 대한 지체상금 규정 방식 예시	부수적인 설명
기계류나 발전시설	출력 100%를 내지 못할 경우 1% 미달 출력당 지급할 금원을 사전에 정함.	통상 물리적 힘을 내야 하는 기계류의 경우 설계 단계에서부터 필요한 물리력의 10~20% 정도

		를 더 낼 수 있도록 하는 것이 보통임. 그러한 설계를 하였는지 자체를 다투는 경우도 있음.
화학처리시설	처리된 화학물의 조성비율이나 순도 등의 차이에 따른 금원을 사전에 정함.	화학처리된 결과물의 순도가 곧 시장에서의 가격과 직결되는 경우가 대부분임. 순도에 문제가 있지만 시장에서의 가격에 영향을 미치지 않는 경우 어떻게 처리할 것인지 여부 등이 문제되기도 함.
오폐수 처리 시설	특정 시간 내의 처리량 부족분 등에 대해 지급할 금원을 사전에 정함.	더 많은 시간동안 처리를 하기 위해서는 결국 더 많은 전기가 소요되므로 문제가 됨. 핵심 기술을 가진 Membrane 업체와의 계약 내용이 매우 중요함.

실무상으로 주로 문제되는 것은 1) 제조된 제조물이 구매자의 사용 용도에 부적합할 정도로 성능 미달인 경우 과연 구매자가 수령을 거부하고 지급한 기성금 등의 반환을 청구할 수 있는지 2) 구매자가 투입한 원료 자체를 문제 삼으면서 제조사가 책임을 회피하는 경우 어떻게 처리할 것인지 3) 당초 설계보다 기계류 등이 전기나 소모품을 과다 하게 소모하는 경우 어떻게 처리할 지 여부 등이다.

그러므로 제조물의 특성과 작동 원리를 이해하고 발생 가능한 분쟁을 대비하여 사전에 미리 꼼꼼히 약정하여야 한다. 구매계약의 특성상 구매자에게 유리한 포괄적인 문구가 계약의 내용으로 삽입되어 있어서, 분쟁 발생시에는 제조사가 난감한 상황에 빠지는 일이 비일비재하므로 제조사가 먼저 세밀한 약정을 할 것을 주문하는 것이 필요하다.

성능에 대한 지체상금을 부과하더라도 최소성능보장(Minimum Performance Guarantee) 조항은 반드시 삽입하는 것이 구매자에게는 필요하고, 부과 가능 시점에 대해 당사자들 사이의 다툼이 없도록 판단 요건을 명확히 특정하는 것이 좋다.

라) 보증(Warranty)

(1) 보증의 개념

우리나라의 법제 하에서는 채권자와 보증인간의 보증계약에 의해서 보증채무이라는 것이 성립하는데, 구매계약서에 기재되는 보증 관련 문구들은 영미법상의 물품 판매시 적용되는 보증(Warranties)의 개념을 차용하여 상세히 풀어 쓴 내용들이 많다.

특히 물품 판매와 관련하여 적용되는 보증은, 제조사의 명시적 언어로써 행하는 약속 또는 사실의 언급을 의미하는 명시적 보증(Express Warranty), 제조된 물품이 일반적으로 사용되는 목적에 적합하다는 것을 의미하는 판매적격성에 대한 묵시적 보증(Implied Warranty of Merchantability), 특정 목적에 부합한다는 묵시적 보증(Implied Warranty of Fitness for Particular Purpose), 정당한 권리를 가지고 있고 타인에 대한 권리 침해가 없다는 묵시적 보증(Implied Warranty of Title and Against Infringement)이다.

이러한 보증 중 계약의 목적 달성을 위해 필요한 것을 추출하거나 변형하여 상세히 구매계약서에 기재하게 되는데, 여기에 더해 구매자는 제조사로 하여금 ① 제품이 새것일 것과 하자가 없다는 것 ② 계약서상 요구하는 모든 기술적 요구사항을 충족하는 것 ③ 제조사에게 설명한 구매자의 사용처 및 용도에 적합할 것 ④ 제조사가 구매자에게 제공하는 각종 지표와 데이터가 정확하고 산업 일반에 통상적으로 통용되는 표준을 따랐을 것 등에 대해 제조사가 확약할 것을 요구하기도 한다.

(2) 보증 기간(Warranty Period)

어떤 물건을 구입하면 제품설명서에 "보증기간이 2년입니다"라는 기재가 된 것을 간혹 보게 된다. 제조물에 대해서는 구매자가 인수한 시점부터 특정 기간(예를 들어, 인수일로부터 2년을 보증 기간으로 하는 것) 동안을 보증 기간으로 정하는 것이 일반적이고 인수가 지나치게 지연되는 등의 경우를 대비하여, 제조물이 구매자에게 도착한 날부터 특정 기간이 경과한 때(예를 들어, 3년)와 구매자가 인수한 때로부터 특정 기간(예를 들어, 2년)이 경과한 때 중 빠른 날로 하는 것으로 정하기도 한다.

보증을 제공하는 제조사 B 로서는 자신에게 부품을 납품하는 업체 C의 보증기간을 고려하지 않고 최종구매자 A에게 보증을 제공하기는 어렵기 때문에 보증 기간 역시 면밀히 검토한 후 계약서를 작성하는 것이 필요하다.

만약 제조사 B가 핵심 부품을 납품하는 업체 C와 보증기간 2년으로 계약을 먼저 체결한 후, 최종구매자가 A가 보증기간 5년의 계약조건을 원한다고 가정하자. 이때 제조사 B가 가장 먼저 해야 할 일은, ① 납품업체 C가 보증기간을 연장하는 것이 가능한지 ② 연장 가능하다면 그 최대 기간은 얼마까지인지 ③ 연장 기간에 따른 추가 금액은 얼마인지를 확인하는 것이다. 경우에 따라 납품업체 C 본인이 아니면 해당 물품을 고치는 것이 거의 불가능하고, 추가 비용 지불에 관계 없이 C가 3년 이상의 보증기간을 제공하는 것은 어렵다는 입장을 고수할 수도 있으므로, 섣불리 구매자 A와 보증기간에 대한 최종 협의를 하는 것은 경계해야 한다. 이러한 종류의 계약 조건들은 납품업체와의 계약 단계에서부터 back to back으로 설정하는 것이 가능한지를 확인하는 것이 구매 계약 체결 담당자의 기본중의 기본이다.

(3) 보증기간의 연장(Extension of Warranty Period)

제조물의 주요 부품에 대하여 보증 기간 내에 하자 또는 계약상 Spec.과 불일치한 부분이 발견되었다면, 당연히 그에 대한 보수작업(corrective measure)을 실시할 책임을 지는 것으로 정하게 되는 것이고, 해당 부분에 대해서는 보증기간을 연장하는 것이 합리적일 것이다. 보증 기간을 연장하는 경우에도 연장 가능 회수 및 최대 연장 기간을 특정하여야 한다.

(4) 보증의 내용에서 제외되는 사항

보증 기간 내에 제조물에 문제가 발생한다고 하더라도 어느 경우에나 제조사가 책임을 지는 것은 아니다. 주의할 것은, 명백히 원인을 밝힐 수 있는 경우 해당 책임 있는 자가 보수작업이나 재작업의 책임(또는 해당 비용에 대한 책임)을 부담하되, 제조사와 구매자 모두에게 책임 없는 사유 중 특별히 구매자의 위험으로 정하지 않는 것들에 대해서만 제조사가 책임을 지는 것으로 하여야 한다. 그러므로 보증의 내용에서 명백히 제외되는 사항은 가급적이면 제조사가 꼼꼼히 챙겨서 계약서상 나열될 수 있도록 신경쓰는 것이 좋다. 대표적으로 구매자의 고의나 과실로 인한 손해, 명백히 제3자에 의해 발생한 손해, 전쟁 · 소요 · 내란 등으로 인한 파손, 방사능 피폭에 의한 피해, 구매자가 제공한 설계상 하자로 인한 손해, 자연적인 소모 등을 나열하는 것이 필요할 것이다. 제조사로서는 이러한 사안들 중에서 보험으로 담보되는 것은 담보 받고, 나머지 위험은 구매자의 책임으로 넘기는 것이 필요하며, 만약 위험을 인수하기로 한다고 하더라도 충분한 반대급부가 확보되었는지를 확인하고 협의를 진행하여야 한다.

15) 인수와 거절(Acceptance and Rejection)

가) 인수 통지(Notice of Acceptance)

제조물에 대하여 성능검사가 끝나고 그 성능에 문제가 없다면, 구매자는 서면으로 인수 통지를 한다. 성능에 문제가 없다는 것은 결국 구매자와 제조사가 약정한 대로 작동이 되며 구매자가 사용하는데 있어서 본질적인 성능 부분에 문제가 없다는 것을 의미한다. 그러므로, 통상의 작동에 영향을 미치지 않는 몇 가지 사항이 미진하다고 하더라도 인수통지서를 발급하도록 약정하는 것이 보통이다. 경미한 것이면서 추가 조치가 필요한 item들을 Punch list로 작성하고 그것들에 대해 어떻게 처리할 지를 별도로 정하기도 한다.

나) 거절(Rejection)

성능검사 결과 성능에 문제가 있는데, 그 문제가 심각하여 도저히 구매자가 해당 제조물을 인수할 수 없는 경우가 문제된다. 성능 미달에 해당하면서 최소성능보장(Minimum Performance Guarantee) 수준에도 못 미치는 경우, 준거법이 한국법이라면 제조물이 동산인지 부동산인지, 도급계약의 법리를 적용할 것인지 아니면 매매계약의 법리를 적용할 것인지 등 여러 법적 문제가 얽혀 복잡한 법리 싸움이 전개된다.

16) 역무의 중단(Suspension of the Works)

제조사로서는 구매자에게 약속한 날짜 이내에 약정한 대로 제조물을 생산하는 것에 집중하여야 한다. 지체상금의 문제가 발생하는 것은 물론이고, 책임의 한도를 정하거나 특별 손해에 대해서는 어떠한 경우에도 당사자들이 책임을 지지 않는다는 약정을 해 두지 않으면 과도한 책임을 질 염려가 있기 때문이다.

그런데, 반대로 구매자는 언제든지 계약상의 제조 관련 역무를 편의상 중단시킬 수 있는 것으로 정하는 것이 보통이다. 최종소비자의 중단 요청이 있는 경우를 대비하여 주로 삽입하는 내용인데, 여기서도 종종 중대한 법적 문제가 발생한다. 그 예로, 막대한 보관 비용이 발생하거나, 장기간 중단으로 인해 당초 계약대로의 보증기간을 제공할 수 없게 되는 경우를 들 수 있다.

제조물이 제조사의 Shop 내부에 위치한 상태에서 중단되는 경우에는 장소의 협소를 야기할 수 있고, 장소 문제로 창고 등으로 이동시키는 경우 보관 · 유지 비용이 발생하며, 완성된 물품이 국외로 운송된 경우 중간 지점 적당한 보관 장소를 섭외하거나 또는 Vendor shop으로의 복귀를 검토하여야 하기 때문이다. 기타 이행보증증권 등의 추가 수수료와 같은 추가 발생비용도 당연히 구매자가 부담한다는 점을 명확히 하여야 한다.

또한, 특정 주요 부품을 제조사가 직접 생산하지 못하고 다른 업체로부터 공급을 받은 경우, 그 보증 기간이 만료되거나 비용을 주고 연장을 하려고 하더라도 해당 업체가 거절을 할 수 있다. 따라서, 제조사는 구매자에게 편의상의 임의 중단 권리를 부여하는 것에 동의하더라도 해당 권리 행사의 한계 및 비용 처리 문제를 정확히 약정하는 것이 필요하다. 즉, 중단으로 인해 발생하는 여러 가지 부수적인 계약적 문제를 정확히 파악하고 대처할 수 있는 법률 전문가의 도움을 받는 것이 필요하다.

한편, 보험은 역무가 중단되었다가 디시 시작되는 경우 survey를 거치도록 하는 경우가 일반적이어서, 비록 survey 비용은 보험사가 부담한다고 하나 보험료에 해당 비용을 포함시켜서 부과할 것이므로 제조사의 비용 부담을 증가시키기도 하며, 때로는 중단 이후 재개시에는 보험에 가입할 수 없는 경우도 발생하므로 유의하여야 한다.

17) 해지 · 해제(Termination)

가) 임의 해지(Termination at Will)

구매자는 언제든지 임의로 계약을 해지할 권리를 가지는 것이 필요하다. 다만 그 권리의 행사로 인하여 제조사에게 발생하는 모든 손해를 부담할 책임을 지는 것으로 약정하여야 한다. 계약서 작성시 특히 신경을 써야 하는 부분은 ① 임의 해지권 행사시 제조사가 어떤 조치를 취하여야 하는지와 ② 구매자가 제조사에게 지급하여야 할 비용 중 분쟁 소재가 있는 것을 미리 열거해 두는 것이다.

(1) 제조사의 의무

임의 해지의 경우 법적으로 그 시기와 방법 등이 문제되고 또한 경우에 따라서는 강행법규(하도급거래공정화에관한법률 등)의 위반 여부가 문제되는 경우가 많으므로 반드시 서면 통지를 하도록 하고 있고, 구매자의 서면 통지가 있을 경우 제조사는 아래와 같은 의무를 부담하는 것으로 정하게 된다.

① 임의 해지를 알리는 통지서에 기재된 범위 내에서 역무를 중단함.

② 부분 해지의 경우, 해지 되지 않은 기타의 역무를 수행하기 위해 필요한 원재료는 계속 주문을 하나 그 이외에 해지된 부분과 관련된 다른 원재료의 추가적인 주문은 중단함.

③ 제조사의 하수급인에 대해 역무 중단에 필요한 조치를 취함.

④ 구매 계약과 관련한 보험사에게 임의 해지 사항을 통지하고 필요한 추가 조치를 취함.

⑤ 구매자의 요청이 있는 경우, 해지 시점까지 제조된 물품을 구매자에게 인도할 준비를 하고 실행함.

⑥ 제조 중단된 물품의 보관 및 보호 매뉴얼을 작성하고 구매자에게 제공함

⑦ 현장에서의 설치 역무까지 구매 계약상 포함된 경우, 현장

에서의 철수 업무시 현장의 정리 업무를 실행함.

⑧ 미지급 기성금, 계약해지에 따라 제조사에 발생한 비용 등을 정리하여 구매자에게 제출함.

(2) 대금 및 비용 정산

구매자가 임의해지권을 실행하면, 제조사에게는 예기치 못한 여러 가지 추가적인 비용이 발생하는 경우가 많다.

예를 들어, 제조물을 완성하기 위하여 하수급인들(Sub-suppliers)과 체결한 계약의 계약금을 손실할 위험이 즉각적으로 발생한다. 계약 해지와 관련하여 제조사와 제조사의 하수급인 사이에 계약 내용을 꼼꼼히 작성하지 않은 상황이라면, 계약금의 손실 위험을 제조사가 지게 되므로, 제조사는 자신의 하수급인과의 계약 내용에 대해서도 늘 신경을 쓸 수밖에 없다.

경우에 따라서는, 공정률이 100%에 가까워진 상황에서 임의해지를 하면 오히려 물품을 완성하는 것 보다 더 많은 비용이 발생하는 경우도 있다. 주로, 제조물에 대한 최종 성능 Test 비용은 크지 않아서 완성 비용은 낮은데 반해, 임의 해지로 인한 중단시에는 보관과 관련된 비용 등이 많이 늘어나는 경우를 상정할 수 있다. 끝까지 완성하는 경우, 제품의 크기나 모양이 정형화 되어 그 전체를 포장하고 1개의 Container에 넣어 보관할 수도 있는 것인데, 조립을 완성하지 않은 상태에서 역무를 중단함으로써 개별 포장 및 추가 보관 공간이 소요되거나 추가 운임이 소요될 수 있기 때문이다.

발생한 비용에 대해서 정확히 계산할 수 있는 당사자는 제조사이므로, 제조사는 일정 기간 내에 구매자에게 대금(및 비용)을 정리하여 제출하고 해당 정리 내역에 이의가 없는 경우 구매자는 대금을 지급하는 것으로 약정하게 된다. 이때, 구매자가 지급할 금액을 구성하는 항목을 미리 몇 가지 열거해 두는 것이 제조사에게는 유리하며, 또한 그 금액의 한계를 설정하는 경우에는 타당한 한계 설정인지를 검토하여 약정하여야 한다.

나) 제조사의 책임 있는 사유로 인한 해지

(1) 해지 사유

보통 다음 사유들이 발생하면 구매자가 역무의 전체 또는 일부를 해지할 수 있도록 정하게 된다.

① 제조사가 계약상 정해진 기간 내에 제조물을 인도하지 못할 것이 명백하거나 계약상으로 정한 성능을 내지 못할 것이 명백한 경우

② 제조사가 정해진 기간 내에 반드시 필요한 인·허가를 받는데 실패한 경우

③ 제조사가 선급금보증증권(Advanced Payment Bond), 이행보증증권(Performance Bond) 등을 제때 제출하지 아니하거나 그 효력을 유지·연장 하는데 실패한 경우

④ 제조사가 기 발생한 지체상금을 지급하지 않는 경우
⑤ 제조사가 계약을 위반하여 제조중인 목적물에 대하여 각종 부담을 설정하는 경우
⑥ 제조사가 계약상 요구조건을 불이행하여 그 완전이행 내지는 보완을 지시하여도 기간 내에 이를 완수하지 않는 경우
⑦ 제조사가 계약 이행을 하지 않을 것임을 명시적으로 밝히는 경우
⑧ 제조사가 파산한 경우

(2) 해지 사유의 치유기간(Cure Period/No Ambush)

이러한 경우들이 발생하면, 구매자는 제조사에게 서면으로 그 해지 사유 발생 사실을 알리고 그 치유나 보완이 가능한 경우에는 기간을 정하여 치유나 보완을 할 것을 요청하며, 그럼에도 불구하고 제조사가 이에 불응하면 최종 해지를 통지하게 된다.

제조사의 책임 있는 사유로 계약을 해지하는 경우에는, 그로 인한 대금 및 비용 정산에 있어서 임의 해지의 경우와는 다르게 처리하는 것으로 정하게 된다. 대표적으로, 하수급인에 대한 각종 책임은 수급인인 제조사의 책임으로 처리한다.

제조사의 책임 있는 사유로 인한 계약 해지의 경우, 제조사는 구매자의 피해가 최소화되도록 노력하여야 하며, 해지 이후의 처리에 대해서 최대한 협조할 의무를 지는 것으로 정하게 된다.

특히, 해지 시점까지의 수행된 작업에 대하여 구매자가 제3자를 통하여 역무를 완성하고자 하는 경우에는, 해지시점까지의 공정률 및 수행된 업무에 대한 자세한 자료를 제공하고 또한 제3자가 이어 받아 수행하는데 문제가 없도록 최선의 협조를 하는 것으로 정하게 된다.

18) 계약금액과 지급조건 (Contract Amount and Terms of Payment)

가) 계약금액

계약금액을 정하는 방식은 워낙 다양하다. 그러나 아래 4가지 정도의 유형을 익히고 있다가 적절한 방식으로 계약 금액을 규정하면 충분할 것이다.

(1) 총액계약(Lump sum Contract)

정액계약(Fixed Price Contract)이라고도 하며 제조물에 대한 대가로 정해진 금액만을 지급하여 특별한 사정이 없는 한 계약금액의 조정은 허용하지 않는 방식이다. 기술이 집약된 소수의 제품을 특정 기간 내에 제조하여 납품하는 경우 주로 사용된다.

(2) 단가계약(Unit Price Contract)

특정 기간 동안 계속하여 동종의 제조물을 공급하는 경우, 그 단위당의 가격을 정하여 계약을 체결하는 방식이다. 장기간에 걸쳐 구매자가 필요한 수량 만큼을 계속적으로 주문하고자 할 때에는 단가계약을 체결하여 두면 편리하다.

(3) 최소 물량 보증이 있는 단가계약

단가계약을 진행하면서 종종 분쟁이 발생하는데, 구매자가 장기간 대량의 구매를 할 것처럼 설명하여 제조사가 경쟁력 있는 단가를 제공하였지만, 실질에 있어서는 예상한 수량만큼의 구매가 이루어지지 않아서 제조사가 적자를 호소하는 경우가 바로 그러한 경우이다.

이러한 문제점에 대비하기 위하여 구매자는 일정 기간 동안 최소 어느 정도 이상의 물량은 주문하기로 정하게 되는데 이것이 최소 물량 보증이 있는 단가계약이며 일상생활에서도 광범위하게 활용되고 있는 계약 방식이다.

(4) 비용상환계약 또는 비용수수료 계약(Reimbursement or Cost Plus Fee)

구매 계약에서 자주 활용되지는 않으나, 계약을 체결하는 당시에는 제조물에 대한 명확한 도면도 없고 제조물에 소요될 부품의 종류와 수량도 정확히 파악할 수 없는 경우에, 제조사가 실제로 지출한 비용에 더하여 제조사의 이윤을 어느 정도 인정해주는 방식으로 계약금액을 정하는 방식이다.

한편 계약금액을 정함에 있어서는 세금이 기재된 계약금액에 포함되는지 여부 및 세금이 부과된 경우 그 부담주체에 대해 명확히 정해 두는 것이 기본이다.

나) 지급조건

제조사가 이미 만들어 놓은 물품을 구매자가 단순 수량만 지정하여 구매하는 경우에는 대금의 지급조건이 간단해도 무방할 것이다. 그러나, 특정 기간에 걸쳐서 새로이 제조물을 제작하여야 하는 경우에는 각각의 단계를 나누어서 그 단계별로 요건 충족 여부를 확인하고 대금을 지급하는 것으로 정하게 된다.

(1) 선급금(Advanced Payment)

제조사로서도 주요 부품을 하수급인들(Sub-suppliers)으로부터 공급받아서 제작에 돌입하게 되므로 구매자는 통상 10%의 선급금을 지급한다. 참고로 모든 금원의 지급과 관련하여서는 제조사가 그에 상응하는 액수의 Bond를 제출할 의무를 계약상 부과하는 것이 보통인데, 추후 Bond 부분에서 상세히 기술하기로 한다.

구매자의 선급금의 지급 시기는 적어도 제조사가 선급금 보증증권을 제출한 시점 이후로 설정하게 된다.

(2) 기성금(Progress Payment)

계약금액이 큰 구매계약의 경우, 제조사로서는 일의 완성이 되기까지 장시간 대금을 지급받지 못하면 자금 운용상의 어려움을 겪게 되고, 반면 구매자로서는 아직 수행되지도 않는 일에 대하여 금액을 먼저 다 지불하면 역무를 제공받지 못할 위험을 부담하게 된다. 이러한 경우 공정률 또는 Milestone 달성 여부를 확인하고 기성금(Progress Payment) 내지는 Interim Payment를 지불하는 방식을 취하게 된다.

기성금을 지급할 때에는 각 단계별로 제대로 역무가 수행되었는지를 확인하게 되는데, Monthly Progress Report를 수령하여 검토 후 이상이 없으면 이를 지급하는 것으로 정할 수 도 있고, 각각의 단계가 달성되면 사전에 정한 금액(주로 전체 계약금액의 몇 %로 정함)을 지급하는 것으로 정할 수도 있다. 예를 들어, 제조사가 하수급인들과의 계약을 체결하고 계약금 10%을 지급한 후 지급을 하였음을 증빙하는 서류(영수증 내지는 Bond)를 제출하면 해당 단계 완료시 지급하기로 하였던 금원을 지급하는 것으로 정하는 등이다.

하수급인에 대한 대금지급 증빙서류, 제조물에 대한 검사증명서, 운송관련 증빙 서류 , 수출입 통관 서류 등 제조사의 역무 수행 과정에서는 각종 증빙 서류가 발급되므로 이를 통해 진행 과정을 확인할 수 있으므로, 구매자는 각각의 과정과 소요된 비용에 맞게 기성금을 지급하는 것으로 약정하여야 한다.

(3) 잔금

계약금액의 일부는 잔금으로 남겨주었다가 구매자가 최종적으로 인수 확인서(Notice of Acceptance)를 발급하고 난 후 일정 기간 내에 지급하는 것으로 정하게 된다.

(4) 실비 정산

구매자가 현장에서 제조물을 설치하는 경우, 제조사에게 관련 전문 인력의 파악을 요청할 수 있는데, 이때 발생하는 비용 등에 대해서는 실비 정산을 하기로 별도 약정을 할 수도 있다.

19) 보증증권(Bond)

가) 보증증권의 활용

통상의 구매계약에 있어서 구매자는 금원만 제때 지급하면 별다른 계약 불이행 책임을 지지 않게 된다. 그런데 제조사의 현금 흐름(cash flow)이 좋아야 제조물을 제때 만들어 낼 수 있으므로 구매자로서는 일정 부분 선급금을 지급하게 된다. 제조사가 선급금을 수령만 하고 이행을 하지 않으면 구매자는 선급금을 잃게 되는 위험에 처하게 된다. 따라서 선급금에 상응하는 금액에 대한 선급금보증증권(Advanced Payment Bond)을 제조사가 구매자에게 제출하게 된다.

이행 단계에서도 이러한 유형의 위험이 잔존하는데, 제조사가 구매자에게 공정률을 증빙하는 각종 서류를 보냈지만 그것이 실질적으로 이행된 부분보다 과다청구된 것이라거나 혹은 제조사가 정상적인 역무 수행 자체를 하지 않을 경우 구매자로서는 각종 위험에 노출된다. 따라서 구매자는 제조사로 하여금 이행보증증권(Performance Bond)을 제출하도록 하고 제조사의 역무 수행에 문제가 발생하는 경우 이행보증증권에 대한 청구 신청을 통해 손해를 회복할 길을 열어 놓게 된다.

하자보수기간의 경우에 있어서도, 제조사의 하자보수 의무 불이행시를 대비하여 하자보증증권(Warranty Bond)을 제출하게 된다.

나) 보증증권의 본질

보증증권은 결국 보증계약이 체결된 것을 증빙하는 증거증권으로 볼 수 있다. 보증계약에 따른 책임을 사인이 지는 것은 한계가 있으므로, 규모를 갖춘 업체가 보험업법에 따른 보험 상품으로 시중에 보험을 판매하고 그 결과 발행되는 증권이 보증증권이라고 할 수 있다.

보증보험이 다른 보험사고와 비교하여 가지는 큰 특징은, 보험사고가 보험계약자의 고의 또는 과실에 의하여 인위적으로 발생한다는 점이다. 보증보험은 이런 점에서 구매계약에 있어서 제조사가 구매자와 계약을 하는 과정에서 필요한 담보를 제공하는 역할을 하게 되는 것이다. 제조사가 보증보험사에 일정액의 수수료(보험료)를 내면 보증보험사가 보증(보험)증권을 발급해 주기 때문에 구매자는 해당 보증증권을 토대로 담보를 확보하였으므로 안심하고 제조사에게 각종 대금을 지급해 나갈 수 있는 것이다. 다만, 어느 경우에나 보증증권이 발급되는 것은 아니고 제조사의 신용이 낮을 경우 발급 자체가 불가능할 수도 있다.

다) 보증증권 예시

보통의 이행보증보험증권에는 다음과 같은 사항이 기재된다.

예시증권

이행(선급금)보증보험증권

증권번호 제 123-456-20160000 호

보험계약자	123-45-67890 000탱크산업 (주)	피보험자	000-000-00000 000건설 (주)
보험가입금액	금 일억원 ₩100,000,000-	보험료	₩1,500,000-
보험기간	2016년 3월 25일부터 2016년 12월 1일까지(252 일간)		
보증내용	제작물공급계약에 따른 선급금 지급보증		
특별약관	※해당사항 없음		
특기사항	2016년 3월 25일 지급한 선급금만 담보함		

[주계약내용]

주계약명　유압탱크 제작 및 납품계약

계약기간　2016년 3월 25일부터 2016년 12월 1일까지

계약금액	₩2,400,000,000-
선급금금액	₩100,000,000-
지급예정일자	2016년 3월 25일

계약자가 보증보험에 가입한 후 보험사고가 발생하면 보증보험회사는 피보험자에게 보험금 청구가 접수되었음을 알리게 되고, 보험금을 지급한 이후에는 해당 금원에 상응하는 금액에 대하여 계약자에게 구상권 행사 또는 대위 청구를 하게 된다.

보험사고가 발생하면 보험사는 다음과 같이 계약자에게 통지를 한다.

보험사고발생 안내 및 사실관계 확인 통지 예시

1. 귀하께서 체결한 이행선급금 보증보험계약 상품의 보험사고 발생에 따라 피보험자가 2016. 7. 10.자로 아래와 같이 보험금을 청구하였으므로 우리회사는 보상심사 절차를 거쳐 보험금 지급여부를 결정할 예정입니다.

2. 보험금 청구 내용이 사실과 다르거나 피보험자의 청구에 대하여 이의가 있으실 경우 2016. 7. 20.까지 근거자료를 첨부하여 우리회사로 통보하여 주시기 바랍니다. (단, 회신기한까지 시일이 촉박할 경우 먼저 보상담당자에게 유선 연락 후 문서를 보완하여 주시기 바랍니다.)

3. 보험금 지급시 보험계약과 관련하여 예치된 예금담보가 있는 경우에는 동 담보로 변제충당하며, 남은 채무액이 있는 경우 주계약자나 연대보증인은 동일한 입장에서 채무를 변제하여야 함을 유념하시기 바랍니다.

◉보험사고 발생 내역			
보험계약자	000탱크산업 (주)	피보험자	000건설 (주)
채권번호 (증권번호)	000-123456 123-456-20160000	보험상품	이행선급금
청구일자	2016년 7월 10일	청구금액	100,000,000
보상담당자 (연락처)	정** 031-000-0000	채권회수담당자 (연락처)	박** 031-000-0000

구상청구에 대응하려는 계약자는 해당 보증보험 계약 체결이 무권대리에 의한 것임을 주장하거나, 계약자체의 무효를 주장하거나, 피보험자의 보험금 청구가 선량한 풍속 기타 사회상규 위반에 해당한다는 점을 적극 소명하여 보험금 지급에 대하여 보험사와 다투거나 또는 보험사가 보험금을 지급하려고 하는 경우 법원에 지급금지가처분 신청을 하는 절차를 밟게 된다.

20) 세금

소규모의 거래에 대해서는 세금 문제가 발생하더라도 상호 원만하게 합의를 할 수 있을 것이나, 규모가 큰 계약에서는 세금도 그 액수가 클 수 밖에 없으므로 사전에 세무사 등 전문가의 도움을 얻어 잘 약정해 두어야 한다.

가) 부가가치세

부가가치세('부가세')는 사업자이거나 재화를 수입하는 자가 개인, 법인, 법인격이 없는 사단 · 재단 또는 그 밖의 단체인 경우 납부할 의무가 있는데, 사업자가 행하는 재화 또는 용역의 공급 및 재화의 수입에 대해 부과되는 세금이다.

구매계약을 체결할 경우, 제조사가 대금을 받게 되는 것이므로 법상 부가세 부과 대상인 경우 제조사가 구매자에게 이를 알리고 대금과 함께 수령하여 신고를 하는 것으로 정하게 된다.

나) 이중과세방지협정

거래로 인하여 국내기업이 외국에서 얻은 소득이 있는 경우 본국이나 외국 중 한 국가에만 세금을 물리도록 국가간에 맺은 협정이 이중과세방지협정이다. 중복과세를 막아서 기업의 이윤 창출을 도모하고 기업의 활발한 활동을 도모할 목적으로 체결되는 협정이다.

구매자와 제조사는 이중과세방지협정의 적용을 받고 세금 측면에서 유리한 처리를 받을 수 있도록 계약을 On-shore 계약과 Off-shore 계약으로 분리하여 체결하는 경우가 빈번하다.

상호간에 세금의 환급을 받을 수 있거나 불필요한 세금 납입을 줄일 수 있는 경우이기 때문에 상대방에게 필요한 구비 서류를 요청하는 것이 필요하므로 쌍방이 협력할 의무가 있음을 미리 약정하게 된다.

다) 관세 및 기타

계약 이행 과정에서, 불필요한 세금 관련 분쟁을 피하게 위해서는 어느 국가 어느 장소에서 물건이 어떻게 생산되는지, 설계는 누가 어디에서 수행하는 것인지, 제조된 제조물의 운송 과정은 어떠한지, 제조물은 구매자가 지정한 장소에서 설치 작업을 거치게 되는 것인지 등 계약 이행과정 전반에 대하여 검토하고 각각의 단계에서 발생 가능한 관세, 부과금, 기타 일체의 세금을 미리 예상하고 약정하는 것이 필요하다.

21) 분쟁해결

가) 준거법의 결정

당사자들이 모두 대한민국 국적을 가지고 있고, 대한민국 내에서 당사자들의 모든 행위가 이루어지는 경우에는 계약 내용의 해석에 대해서도 한국법을 적용하는 것으로 약정하면 충분할 것이다.

그런데 당사자들의 계약 내용에 외국적인 요소가 있는 경우, 예를 들어 당사자들이 상이한 국적을 가지고 있거나 계약 내용의 이행지가 외국인 경우 등에 있어서는 일방이 한국법을 준거법으로 할 것을 관철시키는데 어려움이 있을 수 있다. 한국 기업의 경우 한국법의 내용에 대해서 익숙하겠지만, 계약 상대방 업체가 외국 국적을 가진 경우에는 생소한 한국법을 준거법으로 하는 것에 쉽게 동의하지 않을 것이기 때문이다.

외국적인 요소가 있는 계약을 체결하는 경우에 흔히 New York주 법이나 England & Wales 법을 준거법으로 채택하기도 하는데, 관련 법에 대해 잘 알지 못하면서 해당 법 전문가에게 확인도 하지 않고 쉽게 해당 법을 준거법으로 채택하는 것은 추후에 예상하지 못한 손해를 발생시킬 수도 있으므로 경계해야 한다.

나) 분쟁해결

법원에 의한 분쟁해결과 ADR(Alternative Dispute Resolution) 절차를 이용하는 방법으로 크게 구분될 수 있겠다. 개인적으로는 한국 법원에 관할이 있다고 한다면, 법원에 의한 분쟁해결 절차를 이용하는 것이 장점이 많다고 생각한다.

외국 중재기관에 의한 해결을 하기로 계약상 정해두었고, 결과에 있어서도 유리하게 판단을 받았지만 상대방이 이에 불복하여 집행 단계에서 시간을 끌고 문제를 복잡하게 만드는 경우를 많이 목격했다.

대한상사중재원의 중재 판정을 받는 것도 비용 측면과 시간 측면에서 장점이 있으나, 현재 한국 법원은 시간적인 측면에서는 중재 제도에 뒤지지 않을 정도로 신속하고 정확하게 판단을 내리는 추세이다.

결국, 법률 전문가를 통해 제대로 된 판단을 받을 기회를 포기하고 비용 측면만을 고려하여 중재 등 ADR 절차를 이용할 것인지 고민하여 계약서 작성에 임하여야 할 것이다.

22) 제조물책임법

제조사로서는 제조물책임법상의 책임에 대해서도 잘 숙지하여야 하는 것은 물론이다. 주의할 것은 제조물책임법상의 손해배상책임을 배제하거나 제한하는 특약은 무효이나, 구매자로부터 일정한 약정을 받아두는 것은 유효하다는 것이다. 제조물책임법 제6조 단서는 '다만, 자신의 영업에 이용하기 위하여 제조물을 공급받은 자가 자신의 영업용 재산에 발생한 손해에 관하여 그와 같은 특약을 체결한 경우에는 그러하지 아니하다.'라고 정하고 있으므로 협상력을 가진 제조사는 해당 법조문을 잘 활용하여 구매계약서 작성시 제조물책임법으로 인해 추후 발생할 수 있는 위험을 최소화 하는 노력이 필요하다.

제3장

건설업과 기업 법무

1. 건설계약의 본질 이해

건설 분야는 워낙 복잡하고 다양한 법적 문제가 발생하는 분야이다. 목수가 집을 짓는 것과 같이 개인의 기술과 역량만 있으면 건축이 가능한 것처럼 보이는 영역도 존재하는 한편, 초고층 빌딩을 짓거나 해저터널을 뚫는 등의 대규모 프로젝트를 상정해 보면 무수히 많은 계약 관계와 복잡한 법적 문제가 얽혀 있는 영역도 존재한다.

하지만 아무리 복잡한 건설계약이라 할지라도, 개인적으로 그 본질을 한마디로 정리하자면, '발주자는 돈을 내고, 건설업체는 공사를 제때 완성하는 계약'이 건설계약이라고 정의할 수 있겠다.

가. 소규모 공사의 특징

1) 전문가의 지위

실제 생활에서 가장 많이 접할 수 있는 예를 들어서 설명하자면, 화장실 리모델링 공사를 예로 들 수 있겠다. A라는 사람이 오래된 주택을 구매했는데, 낡은 화장실의 샤워부스와 타일, 욕조 등을 새것으로 깨끗하게 교체해서 입주를 하고자 하는 경우, A는 리모델링 업체를 알아보게 될 것이다.

A가 원하는 것은 자신의 상상 속에 있는 깨끗하게 리모델링된

화장실이 실제 생활에서 구현되는 것이므로 리모델링 업체들을 접촉하여 비용을 알아보기 시작할 것이다. 결국 A로서는 비용이 얼마인지가 제일 중요한 요소가 될 것이다.

반면, B라는 리모델링 업체는 공사를 통해 최대한 이윤을 많이 남기는 것을 목표로 할 것이다. 낡은 화장실 내부를 철거하는 방식과 어떤 공구를 사용하여 어떻게 철거 작업을 할지, 그리고 어떤 재료를 사용하여 어떤 작업방식으로 깨끗하게 리모델링된 화장실을 구현할지는 결국 B업체의 손에 달려 있는 것이다. 현실적으로 A가 B의 작업 방식에 문제가 있다거나 하는 등에 사실에 대해서 알아챌 방법은 적다고 보아야 한다.

결국, 기초적인 공사계약의 모습은 공사업체가 해당 전문적인 지식을 완전히 독차지 하면서, 일을 의뢰하는 사람으로서는 공사업체가 제때 일을 잘 마무리 해 주기만을 바라면서 계약체결에 이르게 되는 양상을 띄게 된다.

2) 각종 문제의 발생

소규모 리모델링 공사에서는 제대로 된 계약서를 쓰지 않고 금액만 정하고 섣부르게 작업을 시작하는 경우가 허다하다. 그런 경우에는, ① 공사기간이 지나치게 늘어나는 문제 ② 사용된 자재가 너무 품질이 좋지 않은 문제 ③ 공사업체가 추가 비용을 요구하는 문제 ④ 다툼으로 인해 공사가 중지되는 문제 ⑤ 공사 업체 인부가 임금을 못 받았다고 하면서 유치권을 행사하는 문제 등 각종 문제가 쏟아져 나오기 시작한다.

이런 경우에는 당사자 사이의 약정 자체가 불분명하거나 존재하지 않기 때문에, 결국 법정에서의 진흙탕 싸움이 진행될 수밖에 없다. 분쟁 당사자들은 법에 따른 정확한 판단을 받고 싶지만, 사실관계 자체가 확정되기 어렵고 관련 약정 내용도 없어서 어떤 결과가 나올지 예상하기조차 어려운 현실에 맞닥뜨리게 되는 것이다.

나. 대규모 건설공사의 특징

1) 전문가의 지위

대규모 건설공사는 전문가들끼리의 전략적인 협상이 가능하며, 문제가 발생하는 경우에도 계약서 및 객관적으로 입증되는 사실관계를 바탕으로 법리적인 문제 해결을 기대할 수 있는 영역이다.

발주자는 수급인(원청)에 발주를 하고, 수급인은 하수급인(하청)에 다시 하도급을 하는 등 각각의 단계에서 다양한 규모의 건설회사들이 사업에 참여를 하게 된다.

원초적인 모습의 도급계약에 있어서의 도급인은 전문적인 지식을 가지고 있지 않고 수급인만이 전문적인 지식을 가지고 있는데 반해, 대규모 건설공사에서는 발주자는 예외로 하더라도 원청인 도급인 역시 전문적인 건설 관련 지식을 충분히 가지고 있으면서 다만 여러 가지 필요에 의해 하청을 사용한다는 점이 가장 큰 특징이다.

발주자 역시도 감리업체를 사용하여 부족한 전문성에 대해 Support를 받게 되므로 소위 전문가들끼리의 협상과 분쟁해결을 기대할 수 있다는 점에서 소규모 공사와는 차별성을 나타낸다.

2) 주요 법리의 숙지

대규모 건설공사에 관여하는 기업 법무 담당자로서는 반드시 도급계약의 법리, 위험부담 일반 이론, 이행보증증권의 활용, 지체상금 법리, 하자보수의무 등 수 많은 기초적인 법 이론을 숙지하여야 하는 것은 물론, 적용되는 법규들(주로, 건설산업기본법, 하도급거래공정화에관한법률, 국가를당사자로하는계약에관한 법률 등)의 주요 내용을 파악하여야 하고, 더 나아가서 프로젝트 파이낸싱 방식으로 프로젝트가 진행되는 경우에는 관련 기초 이론을 숙지하는 것이 필수적이다.

3) 분쟁의 예방과 해결

대규모 건설공사에 참여하는 건설업체의 경우, 제대로 된 계약서 작성을 통해 추후의 분쟁을 최소화 하는 노력을 기울일 수 있고, 계약서만 제대로 작성이 되어 있어도 분쟁이 발생한 경우 쉽게 해결 방안을 모색할 수 있다. 그런 점에서, 사업의 가장 초기에서부터 내·외부의 법률 전문가의 도움을 받는 것이 필수적이라고 하겠다.

2. 건설공사 계약 일반

가. 강행법규 유의

건설공사계약서 역시 계약 특수조건과 계약 일반조건으로 구성되는 경우가 일반적이다. 그러나 특징적인 사실 하나는, 공정거래위원회에서 '건설업종 표준하도급계약서'(이하 '표준계약서'라 칭함)를 배포하고 있고 해당 표준계약서에서 정한 조건보다 수급인에게 불리하게 계약을 변경하는 경우에는 곧바로 건설산업기본법(이하 '건산법'이라 칭함)이나 하도급거래공정화에관한법률(이하 '하도급법'이라 칭함) 등 강행법규 위반이 될 소지가 있으므로 주의하여야한다는 것이다.

나. 하도급법의 주요 내용

건설공사를 수행하는 업체라면, 자신이 체결하는 계약과 그 이행이 하도급법의 적용 대상이 되는 것인지 여부를 반드시 확인하여야 한다. 법무 담당자는 하도급법 위반이 회사 경영에 얼마만큼 심각한 문제를 일으키는지 잘 알고 있을 것이므로 반드시 사전에 정밀한 검토를 실시하여야 한다. 건설 관련 업을 수행하는 기업의 법무 담당자는 하도급법의 적용 대상이 되는 경우를 대비하여, 하도급법의 주요 내용에 대하여 대략적으로나마 숙지하는 것이 필요하다.

1) 하도급법의 적용 대상

하도급법은 중소기업을 보호하기 위한 특별법으로서 다른 법률보다 우선하여 적용되고 그 적용 대상에 대하여 엄격하게 해석하고 있다. 하도급법상 원사업자는 주로 대기업이나, 중소기업 간에도 다음 사항에 해당하거나 상시고용종업원 수가 1배를 초과하는 경우 하도급법의 적용을 받는다.

원사업자가 제조 및 수리업체일 경우	매출액 20억원 초과
원사업자가 건설업체일 경우	시공능력평가액이 30억원 초과
원사업자가 용역업체일 경우	매출액 10억원을 초과

2) 원사업자의 의무사항 (9개)

서면 교부, 서류 보존 (제3조)	• 서면은 계약서를 말하는 것으로 제조 등의 위탁을 한 경우에는 수급사업자가 제조 등을 하기 전에 서면을 교부하여야 하며, 서류는 3년간 보존하여야 함.
선급금 지급 (제6조)	• 원사업자는 발주자로부터 선급금을 지급받은 경우 받은 날로부터 15일 이내에 수급사업자에게 받은 내용과 비율에 따라 선급금을 지급하여야 하며, 지연하여 지급 하는 경우에는 지연이자를

	추가로 부담하여야 함. • 발주자로부터 현금을 받았을 경우에는 현금으로 지급하여야 함.
내국신용장개설 (제7조)	• 원사업자는 수출할 물품을 수급사업자에게 제조위탁 또는 용역위탁한 경우에는 정당한 사유가 있는 경우를 제외하고는 위탁한 날부터 15일 이내에 내국신용장을 수급사업자에게 개설하여 주어야 함. 다만, 신용장에 의한 수출에 있어서 원사업자가 원신용장을 받기 전에 제조위탁 또는 용역위탁하는 경우에는 원신용장을 받은 날부터 15일 이내에 내국신용장을 교부하여 주어야 함
검사 및 검사결과 통지 (제9조)	• 원사업자는 수급사업자가 목적물 등을 납품할 경우, 납품 받은 날로부터 10일 이내에 이를 검사하여야 하고 검사결과를 서면으로 통지하여야 함. • 10일 이내에 통지하지 아니하면 10일 이후에는 수급사업자가 납품한 목적물은 합격한 것으로 봄.
하도급대금 지급 (제13조)	• 원사업자는 수급사업자로부터 목적물 등을 납품받은 날로부터 60일 이내에 하도급대금을 지급하여야 함. • 발주자로부터 대금을 지급받았을 경우에는 받은 날로부터 15일 이내에 하도급대금을 지급하여야 함. • 발주자로부터 현금으로 지급받았으면 현금으로 지급하여야 하며, 지연하여 지급하는 경우에는 지연이자를 부담함.
하도급대금 지급보증 (제13조의2)	• 건설위탁에 있어서 원사업자는 수급사업자에게 해당금액의 공사대금지급을 보증하고, 수급사업자는 원사업자에게 계약금액의 100분의 10에 해당하는 금액의 계약이행을 보증하여야 함. (예외 있음)
관세 등 환급액 지급 (제15조)	• 원사업자가 수출용 원자재에 대한 관세 등 환급에 관한 특례법에 의하여 관세 등을 환급받은 때에는 그 받은 날로부터 15일 이내에 받은 내

	용에 따라 이를 수급사업자에게 지급하여야 함
설계변경에 따른 하도급대금 조정 (제16조)	• 원사업자는 건설 등을 위탁한 후 발주자로부터 설계변경 또는 경제상황의 변동 등의 이유로 추가금액을 지급받는 경우 동일한 사유로 목적물 등의 완성 또는 완료에 추가비용이 소요되는 때에는 그가 받은 추가금액의 내용과 비율에 따라 하도급대금을 증액하여야 함. • 원사업자는 증액 받은 날로부터 15일 이내에 수급사업자에게 증액(또는 감액)받은 사유와 내용을 해당 수급사업자에게 통지하여야 하고 증액은 원사업자와 발주자로부터 증액 받은 날로부터 30일 이내에 하여야 함.
원재료 가격변동에 따른 하도급대금 조정 (제16조의2)	• 원재료가격변동이 발생하여 수급사업자가 이를 조정할 것을 요청하면 원사업자는 10일 이내에 협의를 개시하여야 하고, 조성 신청일로부터 30일 이내에 조정이 이루어지지 아니하면 하도급분쟁조정협의회에 조정을 신청할 수 있음.

3) 원사업자의 금지사항 (12개)

부당한 하도급대금 결정 (제4조)	원사업자는 수급사업자에게 건설 등의 위탁을 하는 경우에 부당한 방법을 이용하여 목적물과 동종 또는 유사한 것에 대하여 통상 지급되는 대가보다 현저하게 낮은 수준으로 하도급대금을 결정하거나 하도급 받도록 강요하여서는 아니됨.
물품 등의 구매강제 (제5조)	원사업자는 수급사업자에게 제조 등을 위탁을 하는 경우에 그 목적물의 품질의 유지·개선이나 기타 정당한 이유가 있는 경우를 제외하고는 그가 지정하는 물품·장비 또는 역무의 공급 등을 수급사업자에게 매입 또는 사용(이용을 포함)하도록 강요하여서는 아니 됨
부당한 위탁취소 및 수령거부	• 원사업자는 제조 등의 위탁을 한 후 수급사업자에게 책임을 돌릴 이유가 있는 경우가 없음에도

(제8조)	불구하고 i) 제조 등의 위탁을 임의로 취소하거나 변경하는 행위, ii) 목적물 등의 납품 등에 대한 수령 또는 인수를 거부하거나 지연하는 행위를 하여서는 아니 됨. • 원사업자는 목적물의 납품이 있을 때에는 역무의 공급을 위탁하는 경우를 제외하고는 검사완료 전이라도 즉시 수령증명서를 교부하여야 함. 건설위탁의 경우에는 검사가 종료되는 즉시 목적물을 인수하여야 함.
부당반품 (제10조)	원사업자는 수급사업자로부터 목적물 등을 납품 등을 받은 때에는 수급사업자에게 책임을 돌릴 사유가 없음에도 불구하고 이를 수급사업자에게 반품하여서는 아니 됨. 용역위탁 중 역무의 공급을 위탁하는 경우에는 제외.
하도급대금 감액 (제11조)	원사업자는 제조 등의 위탁을 할 때 정한 하도급대금을 감액하여서는 아니 됨. 다만, 원사업자가 정당한 사유를 입증한 경우에는 하도급대금을 감액할 수 있음.
물품구매대금 등의 부당결제청구 (제12조)	원사업자는 수급사업자에게 목적물의 제조.수리. 시공 또는 용역수행에 필요한 물품 등을 자기로부터 사게 하거나 자기의 장비 등을 사용하게 한 경우에 정당한 이유없이 당해 목적물에 대한 하도급대금의 지급기일에 앞서 구매대금이나 사용대가의 전부 또는 일부를 지급하게 하거나 자기가 구입· 사용 또는 제3자에게 공급하는 조건보다 현저하게 불리한 조건으로 지급하게 하여서는 아니 됨
경제적이익의 부당요구 (제12조의2)	원사업자는 정당한 사유 없이 수급사업자에게 자기 또는 제3자를 위하여 금전, 물품, 용역 그 밖에 경제적 이익을 제공하도록 하는 행위를 하여서는 아니 됨
기술자료 제공요구 (제12조의3)	• 원사업자는 수급사업자의 기술자료를 본인 또는 제3자에게 제공하도록 요구하여서는 아니 됨. 다만, 원사업자가 정당한 사유를 입증한 경우에는 요구할 수 있음.

	• 원사업자는 취득한 기술자료를 자기 또는 제3자를 위하여 유용하여서는 아니 됨.
부당한 대물변제행위 (제17조)	원사업자는 수급사업자의 의사에 반하여 하도급대금을 물품으로 지급하여서는 아니 됨
부당한 경영간섭 (제18조)	원사업자는 하도급거래량을 조절하는 방법 등을 이용하여 수급사업자의 경영에 간섭하여서는 아니 됨
보복조치 (제19조)	원사업자는 자기가 하도급법을 위반하였음을 수급사업자가 관계기관 등에 신고한 것을 이유로 당해 수급사업자에 대하여 수주기회를 제한하거나 거래의 정지 기타 불이익을 주는 행위를 하여서는 아니 됨
탈법행위 (제20조)	원사업자는 하도급거래와 관련하여 우회적인 방법에 의하여 실질적으로 하도급법의 적용을 면탈하려는 행위를 하여서는 아니 됨

4) 발주자의 의무사항

가) 주요 내용

하도급대금 직접지급	발주자는 하도급대금 직접지급사유가 발생한 때에는 수급사업자가 제조 · 수리 · 시공 또는 용역수행을 한 부분에 상당하는 하도급대금을 그 수급사업자에게 직접 지급하여야 함.

나) 직접지급 사유

(1) 원사업자의 지급정지·파산, 그 밖에 이와 유사한 사유가 있거나 사업에 관한 허가·인가·면허·등록 등이 취소되어 원사업자가 하도급대금을 지급할 수 없게 된 경우로서 수급사업

자가 하도급대금의 직접 지급을 요청한 때

(2) 발주자가 하도급대금을 직접 수급사업자에게 지급하기로 발주자·원사업자 및 수급사업자 간에 합의한 때

(3) 원사업자가 제13조제1항 또는 제3항에 따라 지급하여야 하는 하도급대금의 2회분 이상을 해당 수급사업자에게 지급하지 아니한 경우로서 수급사업자가 하도급대금의 직접 지급을 요청한 때

(4) 원사업자가 제13조의2제1항에 따른 하도급대금 지급보증 의무를 이행하지 아니한 경우로서 수급사업자가 하도급대금의 직접 지급을 요청한 때

5) 수급사업자의 의무사항

수급사업자는 원사업자로부터 위탁을 받은 경우, 그 내용을 신의에 따라 성실하게 이행하여야 하며, 원사업자가 하도급법을 위반하는 행위를 하는데에 협조하여서는 아니되고, 하도급법에 따른 신고를 한 경우 증거서류 등을 공정거래위원회에 지체없이 제출하여야 한다.

다. 건설업종 표준하도급계약서의 활용

1) 표준하도급계약서 전문 및 계약 특수조건 기재

표준하도급계약서를 사용하는 경우 아래 내용(전문)만 단순히 기재하고 본문을 계약 일반조건으로 정하여 사용하면 적어도 계약서 작성 단계에서부터 하도급법을 위반하는 일은 막을 수 있다. 전문을 기재함에 있어서 본문(일반조건)에 없는 내용을 추가하거나 수급사업자에게 보다 유리한 조건으로 변경하기 원하는 경우, 해당 부분만 별도로 특수조건으로 정하여 수정하는 것이 추후 계약 내용의 해석에 있어서 보다 유리하다. 표준계약서 내용대로 약정하지 않은 부분이 무엇인지 쉽게 알 수 있을뿐더러, 강행법규 위반 여부가 문제되는 사안에 있어서도 그것을 검토하는 데 필요한 시간과 노력을 절약할 수 있기 때문이다.

참고) 건설업종 표준하도급계약서 전문 내용

1. 발 주 자 :
   ㅇ 도급공사명 :

2. 하도급공사명 :

3. 공 사 장 소 :

4. 공 사 기 간 : 착공 년 월 일
   준공 년 월 일

5. 계 약 금 액 : 일금 원정 (₩)
   ㅇ공급가액 : 일금 원정 (₩)
   [노무비 : 일금 원정 (₩)

* 건설산업기본법 시행령 제84조 규정에 의한 노무비
ㅇ부가가치세 : 일금 원정 (₩)
※ 변경 전 계약금액 : 일금 원정 (₩)

6. 대금의 지급
가. 선급금
ㅇ 계약체결 후 ( )일 이내에 일금 원정 (₩)
※ 발주자로부터 선급금을 지급받은 날 또는 계약일로부터 15일 이내 그 내용과 비율에 따름

나. 기성금
(1) ( )월 ( )회
(2) 목적물 인수일로부터 ( )일 이내
(3) 지급방법 : 현금 %, 어음 %, 어음대체결제수단 %
※ 발주자로부터 지급받은 현금비율 이상 지급. 지급 받은 어음 등의 지급기간을 초과하지 않는 어음 등을 교부
다. 설계변경, 경제상황변동 등에 따른 하도급대금 조정 및 지급
(1) 발주자로부터 조정 받은 날부터 30일 이내 그 내용과 비율에 따라 조정
(2) 발주자로부터 지급받은 날부터 15일 이내 지급

7. 지급자재의 품목 및 수량 : 별도첨부

8. 계약이행보증금
ㅇ 계약금액의 ( )%, 일금 원정 (₩)

9. 하도급대금 지급보증금
ㅇ 계약금액의 ( )%, 일금 원정 (₩)

10. 하자담보책임
가. 하자보수보증금율 : 계약금액의 ( )%
나. 하자보수보증금 : 일금 원정 (₩)
다. 하자담보책임기간 : 년

11. 지체상금율 : 계약금액의 ( )%

양 당사자는 위 내용과 별첨 건설공사 표준하도급계약서(본문), 설

계도(　)장, 시방서(　)책에 따라 이 건설공사 하도급 계약을 체결하고 계약서 2통을 작성하여 기명날인 후 각각 1통씩 보관한다.

년　　월　　일

* 원사업자
주소 :
회사명 :
대표자 성명 :　　　　(인)

* 수급사업자
주소 :
회사명:
대표자 성명 :　　　　(인)

2) 표준하도급계약서 본문과 실무상 쟁점

표준하도급계약서의 본문은 아래 내용으로 구성된다. 실무상 주로 문제되는 부분에 대하여 간략히 Comment를 삽입하였다.

=== 아　래 ===

○○○주식회사(이하 "원사업자"라 한다)와 ○○○주식회사(이하 "수급사업자"라 한다)는 건설 공사의 위탁에 관한 계약을 다음과 같이 체결한다.

제1조 (기본원칙)

① 원사업자와 수급사업자는 신의성실의 원칙에 따라 상호이익

을 존중하여 이 계약상의 권리를 행사하고 의무를 이행한다.

② 원사업자와 수급사업자는 이 계약을 이행하는 과정에서「건설산업기본법」, 「하도급거래 공정화에 관한 법률」(이하 '하도급법'이라 한다.) 및 「독점규제 및 공정거래에 관한 법률」(이하 '공정거래법'이라 한다.) 및 기타 관련 법령을 준수한다.

제2조 (계약변경)

① 다음 각 호에 어느 하나에 해당하는 경우에는 원사업자와 수급사업자는 상호 합의하여 이 계약 및 개별계약의 내용을 서명 또는 기명날인한 서면으로 변경할 수 있다.

1. 합리적이고 객관적인 사유가 발생하여 부득이하게 계약변경이 필요하고, 이를 원사업자와 수급사업자가 모두 인정하는 경우
2. 발주자의 요청에 따라 공사내용을 변경하거나 시공을 일시 중지할 경우

변호사 Comment	
실무상 쟁점	서면으로 계약 변경을 하지 않고, 양 당사자가 계약서에 기재된 바와 다르게 장시간 이행을 한 경우, 추후 일방이 서면으로 존재하는 원 계약의 내용대로 이행할 것을 주장할 수 있는지 여부가 문제된다.

② 계약의 변경으로 공사내용, 공사기간, 공사물량 등이 변경되어 하도급대금의 조정이 필요한 경우, 원사업자와 수급사업자는 협의하여 계약내용의 변경에 따른 하도급대금을 합리적으로 조

정한다. 다만, 원사업자는 공사내용 등이 변경되기 전에 수급사업자가 이미 수행한 부분은 정산하여 지급한다.
③ 수급사업자는 계약체결 후 계약조건의 미숙지, 덤핑 수주 등을 이유로 계약금액의 변경을 요구하거나 시공을 거부할 수 없다.

제3조 (추가공사)
① 원사업자는 이 계약 외에 수급사업자가 추가로 시공할 필요가 있다고 판단되는 경우 수급사업자가 추가 공사를 착공하기 전까지 수급사업자에게 추가공사와 관련된 서면을 발급한다.
② 추가 서면에는 공사의 위탁연월일, 공사내용, 하도급대금 및 위탁조건 등을 정하여야 한다. 다만, 원사업자와 수급사업자는 상호 협의하여 사전에 부속협정서 등으로 정해놓은 경우에는 그 내용으로 위의 기재사항을 갈음할 수 있다.
③ 원사업자의 지시에 따라 수급사업자가 추가로 시공한 공사에 대하여 원사업자는 발주자로부터 증액 받지 못하였다 하더라도 수급사업자에게 증액 지급한다.

제4조 (추가공사 추정)
① 원사업자가 추가공사를 위탁 하면서 서면을 발급하지 아니한 경우 수급사업자는 원사업자에게 위탁사실에 대한 확인을 요청할 수 있다. 이 경우 수급사업자는 서면에 다음 각 호의 사항을 적고 서명 또는 기명날인한 후에 해당 서면을 원사업자에게 송부하는 방법으로 확인을 요청할 수 있다.

1. 수급사업자가 원사업자로부터 위탁받은 추가공사의 내용
2. 하도급대금
3. 위탁일
4. 원사업자와 수급사업자의 사업자명과 주소 (법인 등기사항 증명서상 주소와 사업장 주소를 포함한다)
5. 그 밖에 원사업자가 위탁한 내용

② 원사업자는 수급사업자로부터 위탁사실에 대한 확인 요청을 받은 날부터 15일 안에 그 내용에 대한 인정 또는 부인(否認)의 의사를 수급사업자에게 서명 또는 기명날인한 서면으로 회신한다.

③ 위탁사실에 대한 확인 요청과 이에 대한 회신은 다음 각 호의 어느 하나에 해당하는 방법을 이용하여 상대방의 주소(전자우편주소 또는 공인전자주소를 포함한다)로 한다.

1. 내용증명우편
2. 「전자문서 및 전자거래 기본법」 제2조제1호에 따른 전자문서로서 다음 각 목의 어느 하나에 해당하는 요건을 갖춘 것
   가. 「전자서명법」 제2조제3호에 따른 공인전자서명이 있을 것
   나. 「전자문서 및 전자거래 기본법」 제2조제8호에 따른 공인전자주소를 이용할 것
3. 그 밖에 통지와 회신의 내용 및 수신 여부를 객관적으로 확인할 수 있는 방법

④ 원사업자의 현장대리인 · 감독자 또는 현장소장이 서면을 발급하지 아니하고 추가공사 등을 위탁한 경우에는 해당 현장대리인 · 감독자 또는 현장소장에게도 위탁사실에 대한 확인을 요청

할 수 있다. 이 경우 현장대리인·감독자 또는 현장소장이 한 인정 또는 부인의 의사는 원사업자가 한 것으로 본다.

변호사 Comment	
실무상 쟁점	순수한 의미의 도급 계약에서는 수급인이 일종의 전문가로서 일을 완성할 전적인 책임을 지나, 건설업의 특성상 현장에 도급인 측의 감독자 등이 수급인의 역무 수행에 있어서 일부 관리·감독을 실시하므로 수급인 근로자가 업무상 재해를 당하는 경우에 있어서, 산재처리와 산재 초과분에 대한 소송에서 도급인까지 분쟁에 휘말리게 된다. 따라서 이때 각각 입장에 따라 공격 및 방어에 있어서 자신에게 유리한 사실을 주장하게 된다.

제5조 (특약설정)

① 원사업자와 수급사업자는 이 계약에서 정하지 아니한 사항에 대하여 대등한 지위에서 상호 합의하여 특약으로 정할 수 있다. 이 경우 원사업자는 수급사업자의 이익을 부당하게 침해하거나 제한하는 조건을 요구하지 아니한다.

② 특약의 내용이 이 계약의 내용과 상충되거나 하도급법, 공정거래법 및 관련 법령에 위반되는 내용은 수급사업자에게 불리한 범위 내에서 원칙적으로 무효이다.

변호사 Comment	
실무상 쟁점	하도급법의 적용 대상이 되는 계약의 경우, 수급인에게 표순하도급계약서의 본문에 정한 내용보다 불리하게 특수조건(특약)을 작성하면 법 위반의 소지가 있으므로 유의하여야 한다.

제6조 (원사업자 협조)

① 원사업자는 하도급계약을 체결한 날로부터 30일이내에 하도급계약통보서(「건설산업기본법」 시행규칙 별지 제23호 서식)에 다음 각호의 서류를 첨부하여 발주자에게 제출한다. 다만, 원사업자가 기한 내에 통지를 하지 아니한 경우에는 수급사업자가 발주자에게 이를 통지할 수 있다.

1. 하도급계약서(변경계약서를 포함한다) 사본
2. 공사량(규모) · 공사단가 및 공사금액 등이 명시된 공사내역서
3. 예정공정표
4. 하도급대금지급보증서 사본(다만 하도급대금지급보증서 교부의무가 면제되는 경우에는 그 증빙서류)

② 원사업자는 수급사업자가 「건설산업기본법」 등 건설관련 법령에 부합되게 시공할 수 있도록 공사목적물과 관련된 현황을 알려주는 등 수급사업자에게 이 공사 이행에 필요한 협조와 지원을 한다.

제7조 (공사시공 등)

① 수급사업자는 이 계약조건과 설계도서(공사시방서, 설계도면 및 현장설명서를 포함한다. 다만, 총액단가계약의 경우는 산출내역서를 포함하며, 양식은 기획재정부 계약예규의 양식을 준용한다. 이하 같다)에 따라 공사를 시공한다.

② 수급사업자는 계약체결 후 지체 없이 공사예정공정표를 작성하여 원사업자의 승인을 받아야 하며, 원사업자에게 산출내역서를 제출한다.

③ 공사 착공일과 준공일은 이 계약에 따른다. 다만, 수급사업자의 책임 없는 사유로 착공일에 착공할 수 없는 때에는 수급사업자의 현장 인수일을 착공일로 한다.

변호사 Comment	
실무상 쟁점	건설 하도급 계약에 있어서 도급인의 의무 중 가장 중요한 2가지를 꼽으라면 바로 i) 대금을 지급하는 것, ii) 건설을 할 부지를 제공하는 것이고 이에 더하여 건설에 필요한 인허가를 얻는 데 있어서 도급인의 협조가 반드시 필요한 분야에서의 협력 의무라고 할 수 있다. 수급인으로서는 자신의 책임 없는 사유 부분에 대하여 충분히 입증할 수 있도록 관련 자료를 준비하는 것이 요구된다.

제8조 (관련공사와의 조정)

① 원사업자는 도급공사를 원활히 수행하기 위하여 이 도급공사와 관련이 있는 공사(이하 "관련공사"라 한다)와의 조정이 필요한 경우에 수급사업자와 상호 협의하여 이 공사의 공사기간, 공사내용, 계약금액 등을 변경할 수 있다.
② 수급사업자는 관련공사의 시공자와 긴밀히 연락 협조하여 이 공사와 도급공사의 원활한 완공에 협력한다.

제9조 (계약금액 등의 결정)

① 이 계약에서 정한 계약금액은 이 계약기간 동안에는 원사업자와 수급사업자가 상호 협의하여 별도의 서면합의를 하는 경우에만 변경할 수 있다.

변호사 Comment	
건설 도급 계약의 특징	도급계약은 "일의 완성"에 대하여 "대가"를 지급하는 것이 본질적인 내용인데, 건설 도급 계약을 조금 더 자세히 기술하자면, "제때 일을 완성하는 것에 대하여 정해진 대가"를 지급하는 것을 약정한 것이라고 볼 수 있다. 결국 수급인이 기간을 준수하지 못하였거나, 일이 완성되지 않았다면 정해진 대가를 받지 못하게 되는 것이고 반면 수급인이 제때 일을 완성했다면 도급인은 정해진 대가를 지급할 의무가 있는 것이다.

② 원사업자는 이 계약 외에 추가로 공사를 위탁하는 경우 공사 목적물의 내용, 물량, 지식재산권 소유, 인건비, 관리비, 물가, 적정 수익 등을 고려하여 합리적으로 수급사업자와 협의하여 하도급대금을 정한다.

변호사 Comment	
건설 도급에 있어서 설계 역무와 저작권 문제	● 저작권의 귀속 문제 특허 사용권, 계약당사자 이외의 다른 회사에 대한 영업비밀 침해 등의 문제가 없다는 가정 하에, 건설 관련 도급 계약을 체결함에 있어서 세밀한 검토가 필요한 부분은 저작권의 귀속에 관한 문제입니다. 설계를 직접 실시한 자가 저작권(저작인격권과 저작재산권)을 가지게 되는바, 이에 대하여 (양도가 가능한) 저작재산권에 대하여 계약 상대방(또는 제3자)에게 i) 저작재산권을 양도할 것인지 여부 또는 ii) 단순히 이용권을 부여할 것인지 여부는 협의 대상으로 생각되며, 이때 양도할 것인지 또는 이용권만 부여할 것인지 판단이 필요한 경우에는 여러 가지 측면을 고려하는 것이 필요합니다.

	● 상황별 계약조건 설정 방법 〈상황1〉 특정 건설 프로젝트를 위해 작성한 설계도면(저작물)을 발주처에게 제공하지만, 추후 설계수행회사가 타 프로젝트에 해당 설계도면을 변형하여 활용할 필요성이 있는 경우 • 방법1: 이용권만 부여하는 방법 이 경우에는 단순히 발주처에 이용허락을 하면서 그 이용의 방법 및 조건을 상세히 제시하는 것 필요합니다. • 방법2: 저작재산권을 양도하면서 2차적저작물을 작성하여 이용할 권리는 원저작자(설계회사)에 유보하는 방법. 〈상황2〉 특정 프로젝트를 위해 작성한 설계도면(저작물)을 발주처에게 제공하지만, 추후 설계수행회사가 타 프로젝트에 해당 설계도면을 변형하여 활용할 필요성이 없는 경우 • 방법3: 저작재산권 전부를 양도하고 추후 설계회사는 일체의 저작인격권도 행사하지 않기로 합의하는 방법 가능. 위 방법들의 경우, 상황별로 도급인은 자신이 역무를 준 설계회사와의 하도급계약서들에도 필요한 내용을 모두 반영하여야 합니다. 결론적으로는 설계를 수행하는 회시가 추후 해당 설계도면을 활용할 필요가 있는지 여부와 그에 상응하는 대가가 지불되는 것인지를 고려하여 당사가 사이에 협상으로 결정할 영역입니다.

③ 원사업자는 부당하게 수급사업자에게 목적물과 같거나 유사한 것에 대하여 일반적으로 지급되는 대가보다 낮은 수준으로

하도급대금을 결정하거나 하도급 받도록 강요하지 아니한다.

제10조 (의견청취)

원사업자는 시공상 공정의 세부작업 방법 등을 정함에 있어 미리 수급사업자의 의견을 청취한다.

제11조 (권리·의무의 양도)

① 원사업자와 수급사업자는 <u>이 계약으로부터 발생하는 권리 또는 의무를 제3자에게 양도하거나 승계 시킬 수 없다</u>. 다만 상대방의 서면에 의한 승낙(보증인이 있으면 그의 승낙도 필요하다)을 받았을 때에는 그러하지 아니하다.

변호사 Comment	
계약 상대방의 중요성	계약의 상대방을 정할 때 있어서 가장 중요한 요소 중 하나가 바로 '상대방을 믿을 수 있느냐'의 문제이다. 만약 A업체가 여러 가지 상황을 고려하여 B업체가 가장 자신이 원하는 목적물을 잘 만들어 줄 것으로 기대하여 B를 선정하였는데도 불구하고, B가 도급계약 체결 후 곧바로 모든 것을 C에게 넘기고 중간 마진만 챙기려고 한다면 A로서는 제대로 목적물이 완성될 수 있을지 등에 대해 불안함을 느끼게 될 것이다. 이러한 상황에 대비하여 권리·의무의 양도 제한 규정을 두고 있는 것으로 풀이된다.
(계약예규) 용역계약 일반조건과의 비교	관급공사에 투입된 원사업자는 국가를 당사자로 하는 계약에 관한 법률에 기해 '(계약예규) 용역계약일반조건'이 적용되는 경우에 있어서는 권리·의무의 양도와 관련하여 어떻게 규정할 것인지 면밀히 검토한 후 계약서 작성에 임해야 할 것이다.

	참고) (계약예규) 용역계약일반조건 [시행 2016.1.1] [기획재정부계약예규 제288호, 2016.1.1, 일부개정] 제7조(채권양도) ① 계약상대자는 이 계약에 의하여 발생한 채권(대금청구권)을 제3자에게 양도할 수 있다. ② 계약담당공무원은 제1항에 의한 채권양도와 관련하여 적정한 용역이행목적 등 필요한 경우에는 채권양도를 제한하는 특약을 정하여 운용할 수 있다.

② 수급사업자는 공사목적물 또는 공사현장에 반입하여 검사를 마친 공사자재를 원사업자의 서면 승낙 없이 제3자에게 매각, 양도 또는 대여하거나 담보목적으로 제공할 수 없다.

제12조 (지급보증 등)

① 원사업자는 계약체결일부터 30일 이내에 수급사업자에게 이 계약에서 정한 계약금액의 지급을 보증(지급수단이 어음인 경우에는 만기일까지를, 어음대체결제수단인 경우에는 하도급대금 상환기일까지를 보증기간으로 한다)하고, 수급사업자는 원사업자에게 계약금액의 100분의 10에 해당하는 금액의 계약이행을 보증한다. 다만, 공사대금의 지급보증이 필요하지 아니하거나 적합하지 아니한 경우에는 그러하지 아니하다.

② 원사업자는 공사대금의 지급보증이 필요하지 아니하거나 적합하지 아니한 사유가 소멸한 경우에는 그 사유가 소멸한 날부터 30일 이내에 공사대금 지급보증을 이행한다. 다만, 계약의 잔여기간, 목적물의 기성률, 잔여대금 등을 고려하여 보증이 필

요하지 아니한 경우에는 그러하지 아니하다.

③ 제1항 또는 제2항에 따른 원사업자와 수급사업자 상호간의 보증은 현금(체신관서 또는 「은행법」에 의한 금융기관이 발행한 자기앞수표를 포함한다.)의 지급 또는 보증기관이 발행하는 보증서의 교부에 의하되, 보증계약을 변경하거나 해지할 경우 상대방에게 즉시 통보한다.

④ 원사업자가 수급사업자에게 제3항에 따라 공사대금 지급보증서를 교부함에 있어서 그 공사기간 중에 하도급하는 모든 공사 또는 1회계년도에 하도급하는 모든 공사에 대한 공사대금의 지급보증을 하나의 일괄 지급보증서로 교부할 수 있다.

⑤ 원사업자가 제1항 또는 제2항에 따른 공사대금 지급보증을 하지 아니하는 경우에는 수급사업자는 계약이행을 보증하지 아니할 수 있다. 다만, 원사업자가 제1항 또는 제2항 단서에 따른 경우에는 그러하지 아니하다.

⑥ 제1항에 따른 수급사업자의 계약이행 보증에 대한 원사업자의 청구권은 해당 원사업자가 제1항 또는 제2항에 따른 공사대금 지급을 보증한 후가 아니면 이를 행사할 수 없다. 다만, 제1항 또는 제2항 단서에 따라 공사대금 지급을 보증하지 아니하는 경우에는 그러하지 아니하다.

⑦ 원사업자가 공사대금의 지급을 지체하여 수급사업자로부터 서면으로 지급독촉을 받고도 이를 지급하지 아니한 경우 수급사업자는 보증기관에 공사대금 중 미지급액에 상당하는 보증금의 지급을 청구할 수 있고, 원사업자가 현금을 지급한 경우에는 동

금액에서 공사대금 중 미지급액에 상당하는 금액은 수급사업자에게 귀속한다.

⑧ 수급사업자가 계약상 의무를 이행하지 아니하여 원사업자가 제38조 제1항 및 제2항에 따라 계약의 전부 또는 일부를 해제 또는 해지한 경우 원사업자는 보증기관에 계약의 해제 또는 해지에 따른 손실에 상당하는 금액의 지급을 청구할 수 있고, 수급사업자가 현금을 지급한 경우에는 손실에 상당하는 금액은 원사업자에게 귀속한다. 다만, 원사업자가 제1항 또는 제2항에 따른 하도급대금지급보증을 수급사업자에게 하지 아니한 경우에는 그러하지 아니하다.

⑨ 원사업자의 공사대금 미지급액 또는 수급사업자의 계약불이행 등에 의한 손실액이 보증금을 초과하는 경우에는 원사업자와 수급사업자는 그 초과액에 대하여 상대방에게 청구할 수 있다.

⑩ 원사업자와 수급사업자가 납부한 보증금은 계약이 이행된 후 계약상대방에게 지체 없이 반환한다. 이 경우 원사업자가 수급사업자에게 공사대금을 어음 또는 상환청구권이 있는 어음대체결제수단으로 지급한 경우 각 어음만기일 또는 어음대체결제수단의 상환기일을 공사대금 지급보증에 있어서의 계약이행완료일로 본다.

⑪ 수급사업자는 제1항에 따른 계약이행보증을 함에 있어 장기계속공사인 경우 제1차 계약 시 부기한 총공사 금액의 10%에 해당하는 금액의 계약이행보증을 하고, 원사업자는 연차별 계약이 완료된 때에는 당초의 계약보증금중 이행이 완료된 부분의 계약

이행보증 효력은 상실하는 것으로 하여 당 계약보증금액을 수급사업자에게 반환하여야 한다.

⑫ 제7항 및 제8항의 규정은 장기계속계약에 있어서 수급사업자가 2차이후의 계약을 체결하지 아니한 경우에 이를 준용한다.

변호사 Comment	
실무상 쟁점	각종 보증증권의 제출과 금액 청구 및 지급금지가처분 관련 문제가 빈번하므로 관련 절차와 내용을 숙지하고 이행 단계에서부터 회계전문가 및 법률전문가와 상의하고 문제 발생시 즉시 법률전문가의 도움을 받는 것이 요구된다.

제13조 (감독원)

① 원사업자는 자기를 대리하는 감독원을 임명하였을 때에는 이를 서면으로 수급사업자에게 통지한다.

② 감독원은 다음 각 호의 직무를 수행한다.

1. 시공일반에 대하여 감독하고 입회하는 일
2. 계약이행에 있어서 수급사업자 또는 수급사업자의 현장대리인에 대한 지시, 승낙 또는 협의하는 일
3. 공사자재와 시공에 대한 검사 또는 시험에 입회하는 일
4. 공사의 기성부분검사, 준공검사 또는 목적물의 인도에 입회하는 일

③ 수급사업자가 원사업자 또는 감독원에 대하여 검사입회 등을 요구한 때에는 원사업자 또는 감독원은 지체 없이 이에 응한다.

④ 수급사업자는 감독원의 행위가 현저히 적절하지 않다고 인정

될 때에는 원사업자에 대하여 그 사유를 명시한 서면으로써 이의 시정을 요청할 수 있다.

변호사 Comment	
건설도급 계약의 특성	순수한 의미의 도급계약에서는 수급인이 도급인보다 전문가이므로 수급인이 모든 것을 알아서 수행하는 것이 보통이다. 그러나 건설업의 경우에는 특별한 전문 분야를 제외하고는 도급인도 건설 관련 다양한 지식과 경험을 가지고 있으므로 필요시 감독원을 통해 업무를 감독하게 된다. 이러한 건설업의 특성 때문에 산업재해 발생시 수급인의 근로자가 재해를 입은 경우 경우에 따라 도급인의 산재보험으로 처리를 하고, 산재 초과분에 대하여 도급인과 수급인이 공동으로 배상책임을 지게 되는 것이다.

제14조 (현장대리인)

① 수급사업자는 이 계약의 책임·품질시공 및 안전·기술관리를 위하여 현장대리인을 두며 이를 미리 원사업자에게 서면으로 통지한다.

② 현장대리인은 「건설산업기본법」제40조 및 같은 법 시행령 제35조에 따라 3개 현장에 배치할 수 있는 경우를 제외하고는 공사현장에 상주해야 하며 수급사업자를 대리하여 일체의 사항을 처리한다.

③ 현장대리인이 「건설산업기본법」시행령 제35조 별표5에 따른 건설기술자의 현장배치 기준에 적합한 기술자가 아닌 경우에는 수급사업자는 공사관리 및 기타 기술상의 관리를 위하여 적격한 건설기술자를 별도로 배치하고 원사업자에게 통지한다.

제15조 (종업원 등)

① 수급사업자가 공사를 시공함에 있어서 종업원이나 고용원을 사용할 때에는 당해 그 공사의 시공 또는 관리에 관한 상당한 기술과 경험이 있는 자를 채용한다.

변호사 Comment	
실무상 쟁점	대규모 프로젝트의 경우 사전에 어떤 인력을 어떻게 확보할 것인지와 해당 인력에 결원이 생겼을 때 어떻게 처리할지 등에 대한 계약조건을 두고 있을 수 있으므로, 이에 유의하여야 한다.

② 수급사업자는 그의 현장대리인, 안전관리책임자, 종업원 또는 고용원의 위법행위에 대하여 사용자로서의 책임을 지며, 원사업자가 수급사업자의 종업원 또는 고용원에 대하여 공사의 시공 또는 관리에 있어 매우 부적절하다고 인정하여 이의 교체를 요구한 때에는 정당한 사유가 없는 한 지체 없이 이에 응한다.

변호사 Comment	
실무상 쟁점	특정 자격 요건이나, 교체를 요구할 수 있는 결격 사유 등을 사전에 정해두는 것이 분쟁을 예방하는데 도움이 된다. 예를 들어, 수급사업자의 근로자가 Refinery의 개축 또는 보수 작업에 투입되었음에도 불구하고 작업 현장에서 담배를 피운다는 등 안전에 위협을 줄 수 있는 행동을 한다면 원사업자는 당연히 교체를 요구할 것이다. 이 때, 원사업자 및 수급사업자 쌍방이 이의 없이 교체를 인정할 수 있도록 명확한 사전 약정이 필요한 것이다.

③ 수급사업자는 제2항에 따라 교체된 현장대리인, 종업원 또는 고용원을 원사업자의 동의 없이 당해 공사를 위하여 다시 채용할 수 없다.

제16조 (자재검사)

① 공사에 사용할 자재는 신품이어야 하며, 품질, 품명 등은 반드시 설계도서와 일치하여야 한다. 다만, 설계도서에 품질·품명 등이 명확히 규정되지 아니한 것은 표준품 또는 표준품에 상당하는 자재로서 계약의 목적을 달성하는데 가장 적합한 것이어야 한다.

② 공사에 사용할 자재는 사용 전에 공사 감독원의 검사를 받아야 하며 불합격된 자재는 즉시 대체하여 다시 검사를 받아야 한다. 이 경우에 수급사업자는 이를 이유로 계약기간의 연장을 청구할 수 없다.

변호사 Comment	
실무상 쟁점	수급사업자가 공기 연장의 사유로 주로 주장하는 것 중의 하나가 원사업자의 검사 지연이다. 합격과 불합격의 기준 역시 Technical Specification 등을 통해 사전에 충분히 자세하게 기술하여야 추후 문제 소지가 줄어든다.

③ 검사결과 불합격품으로 결정된 자재는 공사에 사용할 수 없다. 다만, 감독원의 검사에 이의가 있을 때에는 수급사업자는 원

사업자에 대하여 재검사를 요청할 수 있으며, 재검사가 필요 할 때에는 원사업자는 지체 없이 재검사하도록 조치한다.

④ 원사업자는 수급사업자로부터 공사에 사용할 자재의 검사 또는 제3항에 따른 재검사의 요청을 받은 때에는 정당한 사유 없이 검사를 지체하지 아니한다.

⑤ 수급사업자가 불합격된 자재를 즉시 제거하지 않거나 대품으로 대체하지 않을 경우에는 원사업자는 이를 대신할 수 있으며, 그 비용은 수급사업자가 부담한다.

⑥ 수급사업자는 자재의 검사를 받을 때에는 감독원의 지시에 따라야 하며, 검사에 소요되는 비용은 별도로 정한 바가 없으면 자재를 조달하는 자가 부담한다. 다만, 검사에 소요되는 비용을 발주자로부터 지급받았을 경우에는 원사업자가 이를 부담한다.

⑦ 공사에 사용하는 자재 중 조합(調合) 또는 시험이 필요한 것은 감독원의 참여하에 그 조합 또는 시험을 한다.

⑧ 수급사업자는 공사현장 내에 반입한 공사자재를 감독원의 승낙 없이 공사현장 밖으로 반출하지 못한다.

⑨ 수중 또는 지하에 설치하는 공작물과 기타 준공 후 외부로부터 검사할 수 없는 공작물의 검사는 감독원의 참여 없이 시공할 수 없다.

제17조 (지급자재 등)

① 이 계약에 따라 원사업자가 지급하는 자재의 인도 시기는 공사예정공정표에 따르고, 그 인도 장소는 시방서에 따로 정한 바

가 없으면 공사현장으로 한다.

변호사 Comment	
실무상 쟁점	원사업자가 지급하는 자재가 갖추어야 할 품질이나 성상에 대해서도 최대한 자세히 기술하여야 추후 불필요한 분쟁을 막을 수 있다.

② 제1항에 따라 지급된 자재의 소유권은 원사업자에게 속하며 감독원의 서면 승낙 없이 수급사업자의 공사현장에 반입된 자재를 이동할 수 없다.

③ 수급사업자는 원사업자 또는 감독원이 지급자재가 비치된 장소에 출입하여 이를 검사하고자 할 때에는 이에 협조한다.

④ 원사업자는 목적물의 품질유지 · 개선이나 기타 정당한 사유가 있는 경우 또는 수급사업자의 요청이 있는 때에 공사와 관련된 기계·기구(이하 "대여품"이라 한다) 등을 대여할 수 있다. 이 경우 원사업자는 대여품을 지정된 일시와 장소에서 인도하며 인도후의 반송비는 수급사업자가 부담한다.

⑤ 제1항의 지급자재 또는 제4항의 대여품이 지급된 후 수급사업자는 그 멸실 또는 훼손에 대하여 책임을 진다. 다만 선량한 관리자의 주의의무를 다한 경우에는 그러하지 아니하다.

⑥ 원사업자가 지급한 자재와 대여품 등은 이 계약의 목적을 수행하는 데에만 사용한다.

⑦ <u>원사업자가 지급할 자재 또는 대여품 등의 지급이 지연</u>되어 이 공사가 지연될 우려가 있을 때에는 수급사업자는 <u>원사업자의</u>

서면승낙을 얻어 자기가 보유한 자재를 대체 사용할 수 있다. 다만, 대체사용에 따른 경비는 원사업자가 부담한다.

변호사 Comment	
원사업자의 의무 이행 지연	수급사업자는 원사업자의 의무 이행 지연을 공기 연장의 사유로 주장하게 된다. 원사업자의 자재 공급이 늦고 이를 객관적으로 증명할 수 있다면 공기 연장 사유에 해당한다. 만약, 수급사업자가 원사업자의 서면승낙을 요청하였으나 합리적인 이유 없이 이를 거절한 경우에도 마찬가지이다.

⑧ 원사업자는 제7항에 따라 대체 사용한 자재를 그 사용 당시의 가격으로 산정한 대가를 공사 기성금에 포함하여 수급사업자에게 지급한다. 다만 현품 반환을 조건으로 자재의 대체사용을 승인한 경우에는 그러하지 아니하다.

⑨ 감독원은 지급자재 및 대여품을 수급사업자의 입회하에 검사하여 인도한다.

⑩ 수급사업자는 공사내용의 변경으로 인하여 필요 없게 된 지급자재 또는 대여품을 지체 없이 원사업자에게 반환한다.

⑪ 수급사업자는 이 계약의 이행과 관련하여 건설기계를 임차하는 경우 공정거래위원회가 제정하여 보급하는 건설기계임대차표준계약서를 사용한다.

제18조 (구매강제 금지 등)

① 원사업자는 수급사업자에게 자기가 지정하는 물품·장비 또

는 역무의 공급 등을 매입 또는 사용(이용을 포함한다. 이하 같다)하게 하지 아니한다. 다만, 목적물 등에 대한 품질의 유지·개선 등 정당한 사유가 있는 경우는 그러하지 아니하다.

② 원사업자는 제1항과 관련하여 수급사업자에게 해당 위탁에 대한 하도급대금의 지급기일에 앞서 구매대금이나 사용대가의 전부 또는 일부를 지급하게 하지 아니한다. 또한 자기가 구입·사용 또는 제3자에게 공급하는 조건보다 불리한 조건으로 지급하지 아니한다.

제19조 (부적합한 공사)

① 원사업자는 수급사업자가 시공한 공사 중 설계도서에 적합하지 아니한 부분이 있으면 이에 대한 시정을 요청할 수 있으며, 수급사업자는 지체 없이 이에 응한다. 이 경우 수급사업자는 계약금액의 증액 또는 공기의 연장을 요청할 수 없다.

② 제1항의 경우에 그 부적합한 시공이 원사업자의 요청 또는 지시에 의하거나 기타 수급사업자의 책임으로 돌릴 수 없는 사유로 인한 때에는 수급사업자는 그 책임을 지지 아니한다.

변호사 Comment	
Re-work 의무 명시의 필요성	수급사업자가 그 책임을 지지 않는 것은 해당 부분에 대한 Re-work (재수행) 비용에 대한 책임을 지지 않는 것으로 한정하여야 하고, 원사업자의 Re-work 요청에는 따라야 하는 것으로 명확히 기재하는 것이 필요하다. 복적불이 일정한 Performance를 내야만 하는 건축물일 경우에는 부적합한 시공을 내버려 두어서는 안되기 때문이다.

제20조 (위탁취소 및 반품 금지)

① 원사업자는 공사를 위탁한 후 수급사업자의 책임으로 돌릴 사유가 아니면 다음 각 호의 어느 하나에 해당하는 행위를 하지 아니한다.

1. 위탁을 임의로 취소하거나 변경하는 행위
2. 검사가 끝난 목적물의 인수를 거부하거나 지연하는 행위

변호사 Comment	
발주처의 일방적인 De-scoping 권리가 있는 경우	공사 현장이 해외에 있는 건설 프로젝트라 하더라도 하도급법의 적용 대상이 될 수 있다. 이때에는 가급적 '해외건설업표준하도급계약서'를 활용하는 것이 필요하다. 해외 발주처의 경우 편의에 의한 일방적인 De-scoping을 정하고 있는 경우가 많으므로, 해당 권리를 발주처가 행사한 이상 원사업자도 수급사업자에게 일방적인 위탁취소를 할 수 밖에 없기 때문에 해외건설업표준하도급계약서에서 기술한 바와 같이 약정하는 것이 바람직하다. 참고) 해외건설업표준하도급계약서 제20조 제1항 제1호 중 일부 "단 발주자의 위탁취소에 따라 갑과 을이 정산합의를 하고 을이 입게 될 손해에 대하여 보상을 한 경우에는 위탁취소가 가능하다."

② 원사업자는 수급사업자로부터 목적물을 인수한 경우 수급사업자의 책임으로 돌릴 사유가 아니면 그 목적물을 반품하지 아니한다.

제21조 (설계변경 등에 따른 계약금액의 조정)

① 원사업자는 이 계약 체결 후 발주자의 요청 혹은 자신의 설계변경 등을 이유로 대금을 증액 받은 경우에 같은 이유로 수급사업자 목적물의 완성에 추가비용이 든다면 그가 받은 추가금액의 내용과 비율에 따라 계약금액을 증액한다. 발주자로부터 감액을 받은 경우에는 그 내용과 비율에 따라 계약금액을 감액할 수 있다.

② 제1항에 따른 계약금액의 증액 또는 감액은 원사업자가 발주자로부터 증액 또는 감액을 받은 날부터 30일 이내에 한다.

③ 원사업자는 발주자로부터 계약금액을 증액 또는 감액 받은 날부터 15일 이내에 발주자로부터 증액 또는 감액 받은 사유와 내용을 수급사업자에게 통지한다. 다만, 발주자가 그 사유와 내용을 수급사업자에게 직접 통지한 경우에는 그러하지 아니하다.

④ 제1항의 규정에 의한 계약금액의 조정은 다음 각 호의 기준에 의한다. 다만 발주자의 요청에 의한 설계변경의 경우 조정 받은 범위 내에서 그러하다.

1. 증감된 공사의 단가는 제7조 제2항의 규정에 따른 산출내역서상의 단가 (이하 “계약단가”라 한다)로 한다.
2. 계약단가가 없는 신규 비목의 단가는 설계변경 당시를 기준으로 산정한 단가에 낙찰률을 곱한 금액으로 한다.
3. 발주자가 설계변경을 요구한 경우에는 제1호 및 제2호의 규정에 불구하고 증가된 물량 또는 신규비목의 단가는 설계변경당시를 기준으로 하여 산정한 단가와 동 단가에 낙

찰률을 곱한 금액을 합한 금액의 100분의 50이내에서 계약 당사자간에 협의하여 결정한다.

⑤ 하도급계약금액의 증감분에 대한 일반관리비 및 이윤은 계약체결 당시의 비율에 따른다.

⑥ 원사업자의 지시에 따라 공사량이 증감되는 경우 원사업자와 수급사업자는 공사시공 전에 증감되는 공사량에 대한 대금 및 공사기간 등을 확정한다. 다만, 긴급한 상황이나 사전에 대금을 정하기가 불가능할 경우에는 원사업자와 수급사업자는 서로 합의하여 시공완료 후 즉시 대금 및 적정 공사기간 등을 확정한다.

⑦ 원사업자는 발주자로부터 증액 받은 대금을 수령한 경우 수령한 날로부터 15일 안에 수급사업자에게 증액한 하도급대금을 지급한다. 발주자로부터 증액 받은 대금의 일부만 수령한 경우에는 증액 받은 대금 중 수령한 대금의 비율에 따라 증액한 하도급대금을 지급한다.

⑧ 제7항에 정한 기일을 지나 증액한 하도급대금을 지급하는 경우에는 제27조 제8항에 따른 지연이자를 지급하고, 증액한 하도급대금을 어음 또는 어음대체결제수단(기업구매전용카드, 외상매출채권 담보대출, 구매론)을 이용하여 지급하는 경우에는 제27조 제4항ㆍ제6항에 따라 어음할인료나 수수료를 지급한다. 이 경우 "목적물 등의 인수일부터 60일" 대신 "증액한 대금을 받은 날부터 15일"을 기준으로 한다.

제22조 (원재료가격 변동으로 인한 계약금액의 조정)

① 계약체결일(계약체결 후 계약금액을 조정한 경우 그 조정일을 의미한다. 이하 이 조에서 같다)부터 60일 이상 경과하고 잔여공사물량에 대하여 다음 각 호에 해당하는 사유가 발생한 경우에는 수급사업자는 원사업자에게 계약금액의 조정을 신청할 수 있다. 다만, 원재료 가격이 급등하여 계약금액을 조정하지 않고서는 계약이행이 곤란한 경우에는 수급사업자는 계약체결일로부터 60일이 경과하지 아니하여도 계약금액의 조정을 신청할 수 있다.

1. 산출내역서에 포함되어 있는 품목의 가격 또는 요금 등의 변동으로 인한 등락액이 잔여납품물량에 해당하는 계약금액의 100분의 5 이상인 때
2. 계약금액에서 차지하는 비중이 100분의 5 이상인 납품물량의 원재료 가격이 100분의 20 이상 증감된 경우

② 원사업자는 제1항에 따른 신청이 있은 날부터 10일 이내에 계약금액 조정을 위한 협의를 개시하고, 신청이 있은 날로부터 30일 이내에 상호 협의하여 계약금액을 조정한다. 원사업자는 정당한 사유 없이 협의를 거부하거나 게을리 하지 아니한다.

③ 수급사업자가「중소기업협동조합법」제3조 제1항 제1호 또는 제2호에 따른 중소기업협동조합(이하 “조합”이라 한다)의 조합원인 경우에는 해당 조합이 수급사업자를 대신하여 계약금액의 조정을 신청할 수 있다. 이 경우 원사업자는 수급사업자와 계약금액 조정을 위한 협의를 하는 중이라도 그 협의를 중단하고 계약금

액 조정을 신청한 조합과 협의를 한다.

④ 제1항 또는 제3항에 따른 신청이 있은 날부터 10일이 지난 후에도 원사업자가 계약금액의 조정을 위한 협의를 개시하지 아니하거나 제1항 또는 제3항에 따른 신청이 있은 날부터 30일 이내에 계약금액 조정에 관한 합의에 도달하지 못한 경우에는 원사업자 또는 수급사업자는 하도급분쟁조정협의회에 조정을 신청할 수 있다.

⑤ 계약금액의 조정은 원재료가격 변동 기준일 이후에 반입한 재료와 제공된 역무의 대가에 적용하되, 시공 전에 제출된 공사예정공정표상 원재료가격 변동기준일 이전에 이미 계약이행이 완료되었어야 할 부분을 제외한 잔여부분의 대가에 대하여만 적용한다. 다만, 원사업자의 귀책사유 또는 천재지변 등 불가항력으로 인하여 지연된 경우에는 그러하지 아니하다.

제23조 (응급조치)

① 수급사업자는 화재방지 등을 위하여 필요하다고 인정될 때에는 미리 응급조치를 취하고 즉시 이를 원사업자에게 통지한다.

② 원사업자 또는 감독원은 화재방지, 기타 공사의 시공 상 긴급하고 부득이하다고 인정될 때에는 수급사업자에게 응급조치를 요구할 수 있다. 이 경우에 수급사업자는 즉시 이에 응한다. 다만, 수급사업자가 요구에 응하지 아니할 때에는 원사업자는 제3자로 하여금 필요한 조치를 하게 할 수 있다.

③ 제1항 및 제2항의 응급조치에 소요된 경비에 대하여는 원사

업자와 수급사업자가 협의하여 정한다. 다만, 응급조치 원인에 대한 책임이 수급사업자에게 있는 경우 수급사업자의 부담으로 한다.

제24조 (검사 등)

① 원사업자는 수급사업자로부터 준공 또는 기성부분을 통지받은 때에는 목적물을 검사한다. 검사의 기준 및 방법은 원사업자와 수급사업자가 협의하여 <u>객관적이고 공정 · 타당한 방법</u>으로 정한다.

변호사 Comment	
실 무 상 쟁점	객관적이고 공정·타당한 방법 자체에 대하여 사전에 상호간에 최대한 자세히 정하는 것이 분쟁을 예방하는데 도움이 된다. 특히, 검사 대상이 되는 목적물이 심미적 평가 요소를 가지고 있는 경우 특히 자세히 기준을 설정하는 것이 필요하다.

② 원사업자는 검사 시작일 부터 10일 이내에 검사결과를 수급사업자에게 서면으로 통지하며 원사업자가 이 기간 내에 통지하지 아니한 경우에는 검사에 합격한 것으로 본다. 다만 원사업자에게 통지 지연에 대한 정당한 사유가 있는 경우에는 그러하지 아니하다.

③ 원사업자는 검사에 합격한 목적물은 지체 없이 이를 인수하여야 한다.

④ 원사업자는 검사 결과 보수, 개조 및 재시공의 필요성이 있는 경우 수급사업자와 협의하여 그 방법 및 절차 등을 정한다.

이때 소요되는 비용은 귀책사유 및 책임의 정도에 따라 상호 협의하여 정한다.

⑤ 수급사업자는 원사업자의 검사에 이의가 있을 때에는 원사업자에 대하여 재검사를 요구할 수 있으며, 재검사의 요구가 있을 때에는 원사업자는 지체 없이 재검사를 실시한다.

⑥ 수급사업자는 공사를 완공하면 지체 없이 수급사업자가 시공한 공사시설, 잉여자재, 폐물질 및 가설물 등을 공사현장으로부터 철거, 반출하고 공사현장을 정돈한다.

제25조 (손해부담)

① 목적물이 원사업자에게 인도되기 전에 원사업자의 책임 없는 사유로 목적물 또는 제3자에게 손해가 발생한 경우 이는 수급사업자가 부담한다. 다만, 원사업자의 귀책사유가 있는 경우나 원사업자의 인수지연 중 원사업자·수급사업자 쌍방의 책임 없는 사유로 목적물 또는 제3자에게 손해가 발생한 경우 이는 원사업자가 부담한다.

② 목적물의 검사기간 중 원사업자·수급사업자 쌍방의 책임 없는 사유로 목적물 또는 제3자에게 손해가 발생한 경우 다른 약정이 없는 한 원사업자와 수급사업자가 협의하여 합리적으로 결정한다.

③ 원사업자가 목적물을 인수한 후, 원사업자·수급사업자 쌍방의 책임 없는 사유로 목적물 또는 제3자에게 손해가 발생한 경우에는 원사업자가 부담한다. 그리고 천재지변 기타 불가항력에 의해 검사를 마친 기성부분에 손해가 발생한 때에는 수급사업자는

그 사실을 지체 없이 원사업자에게 알린다.

변호사 Comment	
실 무 상 쟁점	표준하도급계약서는 목적물의 인도 전, 검사기간, 인수 후로 나누어 규정하고 있으나, 실무상 기존 건축물 전체 또는 일부의 대수선이나 리모델링 등 그 공사의 대상과 범위에 따라 다양한 계약 내용이 존재하므로 특별조건에서 더욱 자세하기 기술하는 것이 필요하다. 특히, 대규모 공사일수록 사전에 예상 가능한 Risk들을 확인하고 보험으로 위험을 전가하는 것이 필요할 경우에는 면밀히 검토하여 적절한 보험을 가입하는 것이 요구된다.

④ 수급사업자는 고의 또는 과실로 인하여 하도급 받은 공사를 부실하게 시공하여 타인에게 손해를 가한 때에는 그 손해를 배상한다.

⑤ 원사업자가 제4항의 규정에 의한 손해를「건설산업기본법」제44조 (건설업자의 손해배상책임) 제3항의 규정에 따라 배상한 때에는 수급사업자에게 구상권을 행사할 수 있다.

제26조 (부분사용)

① 원사업자는 <u>목적물을 인수하기 전이라도 수급사업자의 동의를 얻어 목적물의 전부 또는 일부를 사용</u>할 수 있다.

② 제1항의 경우 원사업자는 그 사용부분을 선량한 관리자의 주의로서 사용한다.

③ 원사업자는 제1항에 의한 사용으로 수급사업자에게 손해가 발생하거나 수급사업자의 비용이 증가된 때에는 그 손해를 배상

하거나 증가된 비용을 부담한다. 이 경우 배상액 또는 부담액은 원사업자와 수급사업자가 협의하여 정한다.

변호사 Comment	
실 무 상 쟁점	부분사용의 경우에 실무상 문제되는 부분이 많다. 첫째, 가동이 가능한 건축물일 경우 부분사용이 시작되면 담보가 종료될 수 있다는 점을 유의하여야 한다. 공사 초기부터 부분 사용이 예상 된다면 사전에 보험사와 협의를 하는 것이 요구된다. 둘째, 해당 사용으로 인하여 발생하는 피해에 대해서도 상황별로 어느 당사자가 어떤 한도로 책임을 질지 명확히 정하는 것이 필요하다. 셋째, 발전소 등의 경우 부분 사용을 통해서도 충분히 사용이 가능한 전기가 생산 될 수 있으므로 해당 이익을 향유하는 주체와 분배 비율에 대하여서도 사전에 명확히 규정하여야 분쟁을 예방할 수 있다.

제27조 (하도급대금의 지급 등)

① 원사업자는 이 계약에서 정한 하도급대금의 지급기일까지 수급사업자에게 하도급대금을 지급한다. 다만, 하도급대금의 지급기일은 목적물 인수일부터 60일을 초과하지 아니한다.

② 원사업자가 도급공사 등의 완공에 따라 발주자로부터 준공금을 받은 때에는 하도급대금을, 기성금을 받은 때에는 수급사업자가 시공한 분에 상당한 금액을 그 지급받은 날로부터 15일(대금지급기일이 그전에 도래한 경우에는 지급기일)이내에 수급사업자에게 지급한다.

③ 원사업자가 「국가를 당사자로하는 계약에 관한 법률」 또는 「지방자치단체를 당사자로 하는 계약에 관한 법률」등의 적용을

받는 기관이 발주하는 건설공사를 수주한 경우에는 위 제2항의 규정에도 불구하고 기성금을 월 1회 수급사업자에게 지급한다. 다만, 기성부분이 없거나 원사업자가 발주자에게 기성금의 지급을 신청하였음에도 발주자가 기성금을 지급하지 아니하는 등과 같이 원사업자가 기성금을 지급할 수 없는 합리적인 사유가 있는 경우에는 그러하지 아니하다.

④ 원사업자가 하도급대금을 어음으로 지급하는 경우 그 어음은 법률에 근거하여 설립된 금융기관에서 할인이 가능한 어음이어야 하고, 어음을 교부한 날부터 어음의 만기일까지의 기간에 대한 할인료를 어음을 교부하는 날에 수급사업자에게 지급한다. 다만, 목적물 인수일부터 60일(발주자로부터 준공금 또는 기성금을 받은 때에는 제2항에서 정한 기일을 말한다. 이하 같다.) 이내에 어음을 교부하는 경우에는 목적물 인수일로부터 60일이 지난 날 이후부터 어음의 만기일까지의 기간에 대한 할인료만 지급한다.

⑤ 원사업자는 해당 건설공사와 관련하여 발주자로부터 받은 현금비율 이상으로 하도급대금을 지급하고, 발주자로부터 교부 받은 어음보다 지급기간이 짧거나 같은 어음을 교부한다.

⑥ 원사업자는 하도급대금을 어음대체결제수단을 이용하여 지급하는 경우에는 지급일(기업구매전용카드의 경우는 카드결제 승인일을, 외상매출채권 담보대출의 경우는 납품 등의 명세 전송일을, 구매론의 경우는 구매자금 결제일을 말한다)부터 하도급대금 상환기일까지의 기간에 대한 수수료(대출이자를 포함한다)를 지

급일에 수급사업자에게 지급한다. 다만, 목적물 등의 인수일부터 60일 이내에 어음대체결제수단을 이용하여 지급하는 경우에는 목적물 등의 인수일부터 60일이 지난 날 이후부터 하도급대금 상환기일까지의 기간에 대한 수수료만 지급한다.

⑦ 제4항의 할인료에 적용되는 할인율과 제6항의 수수료에 적용되는 수수료율은 공정거래위원회가 정하여 고시하는 할인율 또는 수수료율에 따른다. 공정거래위원회가 정하여 고시하는 할인율 또는 수수료율이 없는 경우에는 실제 할인율 또는 수수료율을 적용한다.

⑧ 원사업자가 하도급대금을 목적물 인수일부터 60일이 지난 후에 지급하는 경우에는 그 초과기간에 대하여 공정거래위원회가 정하여 고시하는 이율에 따른 이자를 지급한다.

제28조 (감액금지)

① 원사업자는 이 계약에서 정한 하도급대금을 감액하지 아니한다. 다만, 수급사업자의 귀책사유가 있거나 원사업자에게 객관적이고 합리적인 사유가 있는 경우에는 그러하지 아니하다.

② 원사업자가 제1항 단서에 따라 감액할 경우에는 사전에 감액사유와 기준, 감액대상이 되는 목적물 등의 물량, 감액금액, 공제 등 감액방법, 그 밖에 원사업자의 감액이 합리적임을 입증할 수 있는 사항을 적은 서면을 수급사업자에게 교부한다.

③ 원사업자가 수급사업자의 귀책사유 또는 감액에 대한 정당한 사유 없이 감액한 금액을 목적물 인수일부터 60일이 지난 후에

지급하는 경우에는 그 초과기간에 대하여 공정거래위원회가 정하여 고시하는 이율에 따른 이자를 지급한다.

제29조 (대물변제 금지)

① 원사업자는 수급사업자의 의사에 반하여 하도급대금을 물품으로 지급하지 아니한다.

② 원사업자는 제1항의 대물변제를 하기 전에 소유권, 담보제공 등 물품의 권리·의무 관계를 확인할 수 있는 다음 각 호의 자료를 수급사업자에게 서면으로 제공한다.

1. 대물변제의 용도로 지급하려는 물품이 관련 법령에 따라 권리·의무 관계에 관한 사항을 등기 등 공부(公簿)에 등록하여야 하는 물품인 경우: 해당 공부의 등본(사본을 포함한다)
2. 대물변제의 용도로 지급하려는 물품이 제1호 외의 물품인 경우: 해당 물품에 대한 권리·의무 관계를 적은 공정증서(「공증인법」에 따라 작성된 것을 말한다)

③ 원사업자는 제2항에 따라 자료를 제시한 후 지체 없이 다음 각 호의 사항을 적은 서면을 작성하여 수급사업자에게 내주고 원사업자와 수급사업자는 해당 서면을 보관한다.

1. 원사업자가 자료를 제시한 날
2. 자료의 주요 목차
3. 수급사업자가 자료를 제시받았다는 사실
4. 원사업자와 수급사업자의 상호명, 사업장 소재지 및 전화

번호

5. 원사업자와 수급사업자의 서명 또는 기명날인

제30조 (기술자료 제공 요구)

① 원사업자는 정당한 사유가 있는 경우에 한하여 수급사업자의 기술자료를 본인 또는 제3자에게 제공하도록 요구할 수 있다.

② 원사업자가 요구할 수 있는 수급사업자의 기술자료는 다음과 같다.

1. 수급사업자가 상당한 노력에 의하여 비밀로 유지하고 있는 공사 등의 위탁 수행 방법에 관한 정보 · 자료
2. 수급사업자가 상당한 노력에 의하여 비밀로 유지하고 있는 특허권, 실용신안권, 디자인권, 저작권 등의 지식재산권과 관련된 기술정보 · 자료로서 수급사업자의 기술개발(R&D) · 생산 · 영업활동에 유용하고 독립된 경제적 가치가 있는 것
3. 수급사업자가 상당한 노력에 의하여 비밀로 유지하고 있는 공사 매뉴얼, 장비 제원, 설계도면, 생산 원가 내역서, 매출 정보 등 사업자의 기술상 또는 경영상의 정보 · 자료로서 수급사업자의 기술개발(R&D) · 생산 · 영업활동에 유용하고 독립된 경제적 가치가 있는 것

③ 원사업자는 수급사업자에게 기술자료 제공을 요구할 때에 다음 각 호의 사항을 수급사업자와 사전에 합의하고, 동 사항을 기재한 서면을 수급사업자에게 교부한다.

1. 기술자료 제공 요구의 목적
2. 비밀유지방법 등 요구대상 기술자료의 비밀유지에 관한 사항
3. 요구대상 기술자료와 관련된 권리귀속 관계
4. <u>요구대상 기술자료의 대가 및 대가의 지급방법</u>
5. 요구대상 기술자료의 명칭 및 범위
6. 요구일, 제공일 및 제공방법
7. 그 밖에 원사업자의 기술자료 제공 요구가 정당함을 입증할 수 있는 사항

④ 원사업자는 취득한 기술자료를 요구한 목적 이외의 용도로 유용하지 아니한다.

⑤ 원사업자가 기술자료의 제공을 요구하거나 취득한 기술자료를 요구한 목적 이외의 용도로 유용하여 수급사업자에게 손해가 발생한 경우에는 수급사업자에게 발생한 손해에 대하여 배상책임을 진다. 다만, 원사업자에게 고의 또는 과실이 없는 경우에는 그러하지 아니하다.

⑥ 원사업자와 수급사업자는 목적물의 유지보수 및 안정적 사용을 보장하고 지식재산권을 보호하기 위하여 수급사업자의 공사위탁 수행에 따른 기술자료를 제3의 기관(예치기관)에 예치할 수 있다.

변호사 Comment	
실무상 쟁점	운전이 필요한 건축물의 경우 반드시 원사업자는 운전에 필요한 Manual이 필요할 것이고, 보증기간이 끝난 후 기계류의 보수에 반드시 필요한 기술자료의 경우에도 사전에 관련 자료를 제공받는 것이 필요할 것이다. 따라서 원사업자가 공사 목적물을 정상적으로 이용하거나 판매하기 위하여 반드시 취득하여야 할 정보나 권리에 대해서는 문제의 소지가 적어지나, 그러한 범위를 벗어나는 기술자료에 있어서는 원사업자가 수급사업자에게 해당 대가를 산정하여 지급하였음을 입증하여야 추후 법 위반으로 인한 책임 분쟁을 대비할 수 있게 된다.

제31조 (보복조치 금지)

원사업자는 수급사업자 또는 수급사업자가 소속된 조합이 관계법률에 따른 정당한 권리행사를 한 것을 이유로 그 수급사업자에 대하여 수주기회를 제한하거나 거래의 정지, 그 밖에 불이익을 주는 행위를 하지 아니한다.

제32조 (하도급대금 직접 지급 요청)

① 계약 도중 다음 각 호의 어느 하나에 해당하는 사유가 발생한 경우 수급사업자는 발주자에게 공사를 수행한 부분에 상당하는 하도급대금의 직접지급을 요청 할 수 있다.

1. 원사업자의 지급정지·파산, 그 밖에 이와 유사한 사유가 있거나 사업에 관한 허가·인가·면허·등록 등이 취소되어 원사업자가 하도급대금을 지급할 수 없게 된 경우
2. 원사업자가 수급사업자에게 지급하여야 하는 하도급대금의

2회분 이상을 지급하지 아니한 경우

3. 발주자가 하도급대금을 직접 수급사업자에게 지급하기로 발주자, 원사업자 및 수급사업자 상호간에 합의한 경우

4. 원사업자가 하도급대금 지급보증 의무를 이행하지 아니한 경우

② 제1항에 따라 수급사업자가 발주자로부터 하도급대금을 직접 지급받은 경우에는 수급사업자에 대한 원사업자의 하도급대금 지급채무는 동일한 범위에서 소멸한다.

③ 원사업자는 발주자에게 해당 하도급 계약과 관련된 수급사업자의 임금, 자재·장비대금 등의 지급 지체 사실을 입증할 수 있는 서류를 첨부하여 해당 하도급대금의 직접 지급 중지를 요청할 수 있다.

④ 수급사업자가 제1항에 따라 발주자로에게 하도급대금을 직접 받기 위하여 기성부분의 확인 등이 필요한 경우에는 원사업자는 지체 없이 이에 필요한 조치를 이행한다.

⑤ 발주자, 원사업자 및 수급사업자가 하도급대금 직접지급에 합의한 경우 수급사업자는 원사업자에게 하도급대금의 사용내역(자재·장비대금 및 임금, 보험료 등 경비에 한함)을 하도급대금 수령일부터 20일 이내에 통보한다.

제33조 (선급금)

① 원사업자는 이 계약에서 정한 바에 따라 선급금을 수급사업자에게 지급한다.

② 원사업자가 발주자로부터 선급금을 받은 때에는 원사업자가 받은 선급금의 내용과 비율에 따라 선급금을 지급받은 날(이 계약의 위탁을 하기전에 선급금을 지급받은 경우에는 이 계약의 위탁을 한 날)부터 15일 이내에 수급사업자에게 지급 한다.

③ 원사업자가 발주자로부터 받은 선급금을 제2항에 따른 기한이 지난 후에 지급하는 경우에는 그 초과기간에 대하여 공정거래위원회가 정하여 고시하는 이율에 따른 이자를 지급한다.

④ 원사업자가 발주자로부터 받은 선급금을 어음 또는 어음대체결제수단을 이용하여 지급하는 경우에는 어음할인료 · 수수료를 지급한다. 이 경우 어음할인료율·수수료율은 하도급대금에 적용되는 어음할인료율·수수료율을 따른다.

⑤ 원사업자는 수급사업자가 선급금에 대한 적절한 보증을 하지 않을 경우 선급금을 지급하지 아니할 수 있다.

⑥ 선급금은 계약목적 외에 사용할 수 없으며, 노임지급 및 자재확보에 우선 사용하도록 한다.

⑦ 선급금은 기성부분의 대가를 지급할 때마다 다음 산식에 따라 산출한 금액을 정산한다.

· 선급금 정산액 = 선급금액 × (기성부분의 대가상당액 ÷ 계약금액)

⑧ 수급사업자는 선급금 사용 완료 후 그 사용내역서를 원사업자에게 제출하며, 목적외 사용시 당해 선급금 잔액에 대한 약정이자상당액[별도 약정이 없는 경우 사유발생 시점의 금융기관 대출평균금리(한국은행 통계월보상의 대출평균금리)에 따라 산출한

금액을 말한다.]을 가산하여 반환한다. 이 경우 이자상당액의 계산방법은 매일의 선금잔액에 대한 일변계산에 의하며, 계산기간은 반환 시까지로 한다. 다만, 원사업자는 선급금 통장 공동관리 약정 등 수급사업자의 선급금 인출 또는 사용을 제한하는 행위를 하지 아니한다.

제34조 (경영간섭 금지)

원사업자는 이 계약에 따른 권리를 행사하는 경우 외에는 수급사업자의 경영활동에 대한 지시、명령、요구 등의 간섭을 하지 아니한다

제35조 (하자담보책임 등)

① 수급사업자는 이 계약에서 정한 하자보수보증금율을 계약금액에 곱하여 산출한 금액 (이하"하자보수보증금"이라 한다)을 준공검사 후 그 공사대금을 지급 받을 때까지 현금 또는 증서로써 원사업자에게 납부 또는 교부한다. 다만, 공사의 성질상 하자보수보증금의 납부가 필요하지 아니한 경우에는 그러하지 아니하다.

② 수급사업자는 준공검사를 마친 날로부터 이 계약에서 정하는 하자보수의무 기간의 범위에서 수급사업자의 귀책사유로 하자가 발생한 것에 대하여는 이를 보수한다. 다만, 다음 각 호의 어느 하나의 사유로 발생한 하자에 대하여는 그러하지 아니하다.

1. 원사업자가 제공한 재료의 품질이나 규격 등이 기준미달로 인한 경우

2. 원사업자의 지시에 따라 시공한 경우

3. 원사업자가 건설공사의 목적물을 관계 법령에 따른 내구연한(耐久年限) 또는 설계상의 구조내력(構造耐力)을 초과하여 사용한 경우

변호사 Comment	
공사의 미완성과 하자	도급계약은 일이 미완성된 경우 완성을 요청할 수 있으므로 적어도 일이 완성된 후의 시점부터 하자보수의무 기간이 계산될 것이다. 따라서 실무상, 원사업자는 일의 미완성을 주장하고 수급사업자는 일은 완성되었으나 하자보수의무가 있음에 지나지 않다는 주장으로 맞서는 경우가 빈번하다. 따라서 분쟁의 조짐이 있는 경우, 필요한 입증 자료를 충실히 확보하는 것이 필요하다. 〈참고: 대법원 1997.10.10. 선고 97다23150 판결〉 공사가 도중에 중단되어 예정된 최후의 공정을 종료하지 못한 경우에는 공사가 미완성된 것으로 볼 것이지만, 공사가 당초 예정된 최후의 공정까지 일응 종료하고 그 주요 구조 부분이 약정된 대로 시공되어 사회통념상 일이 완성되었고 다만 그것이 불완전하여 보수를 하여야 할 경우에는 공사가 완성되었으나 목적물에 하자가 있는 것에 지나지 아니한다고 해석함이 상당하고, 예정된 최후의 공정을 종료하였는지 여부는 수급인의 주장이나 도급인이 실시하는 준공검사 여부에 구애됨이 없이 당해 공사 도급계약의 구체적 내용과 신의성실의 원칙에 비추어 객관적으로 판단할 수밖에 없고, 이와 같은 기준은 공사 도급계약의 수급인이 공사의 준공이라는 일의 완성을 지체한 데 대한 손해배상액의 예정으로서의 성질을 가지는 지체상금에 관한 약정에 있어서도 그대로 적용된다.

③ 원사업자와 수급사업자는 하자발생에 대한 책임이 분명하지

아니한 경우 상호 협의하여 전문기관에 조사를 의뢰 할 수 있다.
④ 수급사업자가 이 계약에서 정한 하자보수 의무기간 중 원사업자로부터 하자보수의 요구를 받고 이에 응하지 아니하면 제1항의 하자보수보증금은 원사업자에게 귀속한다.
⑤ 제1항의 하자보수보증금은 하자보수 의무기간이 종료한 후 수급사업자의 청구가 있는 날로부터 10일 이내에 반환하여야 한다.
⑥ 상기에도 불구하고 장기계속공사에 있어서는 연차계약별로 준공 검사 후 그 공사의 대가를 지급받을 때까지 납부하여야 하며, 연차계약별로 하자담보책임을 구분할 수 없는 공사인 경우에는 총 공사의 준공검사 후 하자보수보증금을 납부하여야 한다. 또 원사업자는 연차계약별로 하자보수 의무기간이 종료한 후 수급사업자의 청구가 있는 날로부터 10일 이내에 하자보수보증금을 반환하여야 한다.

제36조 (지체상금 등)
① 수급사업자가 이 계약에서 정한 기한 내에 공사를 완공하지 못한 경우, 원사업자는 지체일수에 해당하는 지연배상액(이하 "지체상금"이라 한다)을 하도급대금(또는 예치금)에서 공제한다. 지체상금은 지체일수에 하도급대금과 이 계약에 규정된 지체상금율을 곱한 금액으로 한다.
② 기성부분에 대하여 검사를 거쳐 이를 인수한 때에는 그 부분에 상당하는 금액을 계약금액에서 공제한 금액을 기준으로 지체상금을 계산한다. 다만, 기성부분의 인수는 그 성질상 분할할 수

있는 공사의 완성부분을 인수하는 것에 한한다.

③ 원사업자는 다음 각호의 어느 하나에 해당되는 사유로 공사가 지체되었다고 인정될 때에는 그 해당 일수를 지체일수에 산입하지 아니한다.

1. 태풍, 홍수, 기타 악천후, 전쟁 또는 사변, 지진, 화재, 폭동, 항만봉쇄, 방역 및 보안상 출입제한 등 불가항력의 사유에 의한 경우

변호사 Comment	
불가항력 관련 실무상 쟁점	계약서상 불가항력의 효과에 대하여 정하는 경우가 많은데, 간과되고 있는 사실 하나는 한국법상 불가항력에 대하여 정확히 정의하는 법조문은 없으며, 불가항력에 대해서는 판례를 통해 개별 사안 별로 불가항력에 해당하는 것인지 여부를 판단하고 있다는 점이다. 따라서 불가항력에 대하여서도 해당 계약에 적용할 불가항력의 정의, 불가항력 사유 발생 시의 처리 절차, 그 효과에 대하여 상세히 정해 두는 것이 추후 분쟁의 예방 및 해결에 도움이 된다.

2. 원사업자가 지급하기로 한 지급 자재의 공급이 지연되어 공사진행이 불가능하였을 경우
3. 원사업자의 귀책사유로 인하여 착공이 지연되거나 시공이 중단된 경우
4. 수급사업자의 부도 등으로 연대보증인이 보증이행을 할 경우(부도 등이 확정된 날부터 원사업자가 보증이행을 지시한 날까지를 의미한다.)

5. 수급사업자의 부도 등으로 보증기관이 보증이행업체를 지정하여 보증이행할 경우(원사업자로부터 보증채무이행청구서를 접수한 날부터 보증이행개시일 전일까지를 의미한다. 다만 30일 이내에 한한다)

6. 그 밖에 수급사업자의 책임 없는 사유로 인하여 지체된 경우

④ 원사업자는 제1항의 지체상금을 수급사업자에게 지급하여야 할 하도급대금 또는 기타 예치금에서 합의 후 공제할 수 있다.

제37조 (공사중지)

① 원사업자가 <u>계약조건에 의한 선급금, 기성금 또는 추가공사대금을 지급 하지 않는 경우</u>로서 수급사업자가 상당한 기한을 정하여 그 지급을 독촉하였음에도 불구하고, 원사업자가 이를 지급하지 아니하면 수급사업자는 공사중지 기간을 정하여 원사업자에게 통보하고 공사의 전부 또는 일부를 일시 중지할 수 있다.

② 제1항에 따른 공사 중지 기간은 제36조의 지체상금 산정 시 지체일수에서 제외한다.

변호사 Comment	
분쟁이 있는 기성 부분에 대한 처리	수급사업자가 원사업자에게 보고한 기성 부분에 대하여 보고한 기성률과 실질 사이에 차이가 없고 원사업자도 이견이 없다면 당연히 해당 부분에 대하여 대금을 지급하여야 하나, 실무상 문제가 되는 부분은 기성률에 대한 이견이 있거나 기성 부분에 대해 이견이 있는 경우가 대부분이다. 결국 원사업자는 문제 삼지

	않아야 할 부분에 대하여 문제를 삼으면서 대금을 지급하지 않은 경우에는 하도급법 위반에 따른 책임을 져야하는 위험을 부담하고, 반대로 수급사업자는 권원 없이 공사 중지를 한 경우 지체상금 등의 책임을 지게 되므로, 대금 청구의 절차와 검사 방법 등에 대해 미리 상세히 약정하는 것이 무엇보다 중요하게 된다. 원사업자로서는 상호간 이견이 없는 부분에 대한 기성금은 즉시 지급을 하여야 한다.

제38조 (계약해제·해지)

① 원사업자 또는 수급사업자는 다음 각 호의 어느 하나에 해당하는 사유가 발생한 경우에는 서면으로 이 계약의 전부 또는 일부를 해제 또는 해지할 수 있다.

1. 원사업자 또는 수급사업자가 금융기관으로부터 거래정지처분을 받아 이 계약을 이행할 수 없다고 인정될 경우
2. 원사업자 또는 수급사업자가 감독관청으로부터 공사업 등록 말소, 영업정지 등의 처분을 받아 이 계약을 이행할 수 없다고 인정될 경우
3. 원사업자 또는 수급사업자가 어음·수표의 부도, 제3자에 의한 강제집행(가압류 및 가처분 포함), 파산·회생절차의 신청 등 영업상의 중대한 사유가 발생하여 이 계약을 이행할 수 없다고 인정될 경우
4. 원사업자 또는 수급사업자가 해산, 영업의 양도 또는 타회사로의 합병을 결의함으로써 이 계약을 이행할 수 없다고 인정될 경우

5. 원사업자 또는 수급사업자가 재해 기타 사유로 인하여 이 계약을 이행할 수 없다고 쌍방이 인정한 경우

변호사 Comment	
회생법상 신고	채무자회생 및 파산에 관한 법률(이하 '회생법')과 관련하여 최소 한 아래 내용을 숙지하고 원사업자와 수급사업자는 필요시 즉각적인 조치를 취하여야 한다. 〈건설공사와 관련한 회생법의 주요 내용〉 • 회생법상 회생개시일 이전에 발생한 채권은 회생채권에 해당하고, 이때 해당 채권을 신고하지 아니하여 회생계획에 반영되지 아니하면, 채권은 소멸되어 채무자는 면책됨. • 회생법에서 규정하는 공익채권에 해당하면 회생 절차에 의하지 아니하고 수시로 변제할 수 있게 됨. 공익채권은 주로 회생절차 개시 후의 원인에 기하여 생긴 청구권을 말하나 회생절차 개시 전의 원인에 기하여 생긴 청구권이라 하더라도 형평의 관념 또는 정책적인 이유 등으로 공익채권으로 규정하는 것도 있음. • 쌍무계약에 있어서 채무자와 상대방이 모두 회생절차 개시 당시 아직 그 이행을 완료하지 않는 경우 관리인은 ① 계약을 해제 · 해지 하거나 ② 채무자의 채무를 이행하고 상대방의 이행을 청구할 수 있는 선택권이 있음. 이 경우, 관리인이 채무 이행을 하는 때 상대방이 갖는 채권은 공익채권에 해당함. 이를 건설공사하도급계약에 적용해 본다면, 수급사업자가 원사업자에게 받아야 할 기성금 부분이 있는데 원사업자가 회생절차신청으로 나아가게 된 경우, 수급사업자가 해당 기성금 상당 금액을 회생채권으로 신고한 바 없다면, 추후에는 받을 수 없게 되는 등의 문제가 발생하므로, 반드시 기간 내에 회생채권 신고를 하는 것이 필요하다.

② 원사업자 또는 수급사업자는 다음 각 호의 어느 하나에 해당하는 사유가 발생한 경우에는 상대방에게 1개월 이상의 기간을 정하여 서면으로 시정 또는 그 이행을 최고하고, 그 기간 내에 이를 시정 또는 이행하지 아니한 때에는 이 계약의 전부 또는 일부를 해제 또는 해지할 수 있다.

1. 원사업자 또는 수급사업자가 이 계약의 중요한 내용을 위반한 경우
2. 원사업자가 수급사업자의 귀책사유 없이 공사 위탁 수행에 필요한 사항의 이행을 지연하여 수급사업자의 공사 위탁 수행에 지장을 초래한 경우
3. 수급사업자가 원사업자의 귀책사유 없이 약정한 착공기간을 경과하고도 공사에 착공하지 아니한 경우
4. 수급사업자가 원사업자의 귀책사유 없이 착공을 거부하거나 시공을 지연하여 인도일자 내에 공사목적물의 인도가 곤란하다고 객관적으로 인정되는 경우
5. 수급사업자의 인원·장비 및 품질관리능력이 현저히 부족하여 이 계약을 원만히 이행할 수 없다고 인정되는 등 수급사업자의 귀책사유가 인정되는 경우
6. 원사업자가 공사내용을 변경함으로써 하도급대금이 100분의 40이상 감소한 경우
7. 제2조를 포함해서 수급사업자의 책임이 아닌 사유로 인한 공사의 중지기간이 전체공사 기간의 100분의 50이상인 경우

8. 원사업자가 수급사업자의 귀책사유 없이 제12조에 정한 대금지급보증을 하지 아니한 경우
9. 수급사업자가 원사업자의 귀책사유 없이 제12조에 정한 계약이행보증을 하지 아니한 경우
10. 발주기관의 불가피한 사정으로 도급계약이 해제 또는 해지된 경우

③ 제1항 및 제2항에 따라 계약이 해제·해지된 때에는 각 당사자의 상대방에 대한 일체의 채무는 기한의 이익을 상실하고, 당사자는 상대방에 대한 채무를 지체 없이 변제한다.

④ 원사업자 및 수급사업자는 자신의 귀책사유로 인하여 이 계약의 전부 또는 일부가 해제 또는 해지된 경우에 이로 인하여 발생한 상대방의 손해를 배상한다.

⑤ 제1항 및 제2항에 따라 계약을 해제 또는 해지한 경우 수급사업자는 기성부분 검사를 필한 부분에 대한 하자보수보증금을 제35조 제1항의 규정에 의거 원사업자에게 납부한다.

⑥ 수급사업자는 제5항의 하자보수보증금을 현금으로 납부한 경우 공사 준공검사 후 하자보수보증서로 대체할 수 있다.

⑦ 원사업자가 제1항 또는 제2항에 따라 계약을 해제 또는 해지한 경우 수급사업자는 다음 각 호의 사항을 이행한다.

1. 해제 또는 해지의 통지를 받은 부분에 대한 공사를 지체 없이 중지하고 모든 공사 관련 시설 및 장비 등을 공사현장으로 부터 철거한다.
2. 제17조에 의한 대여품이 있을 때에는 지체 없이 원사업자

에게 반환한다. 이 경우 당해 대여품이 수급사업자의 고의 또는 과실로 인하여 멸실 또는 파손되었을 때에는 원상회복 또는 그 손해를 배상한다.

3. 제17조에 의한 지급자재 중 공사의 기성부분으로서 인수된 부분에 사용한 것을 제외한 잔여자재를 지체 없이 원사업자에게 반환한다. 이 경우 당해 자재가 수급사업자의 고의 또는 과실로 인하여 멸실 또는 파손되었거나 공사의 기성부분으로서 인수되지 아니한 부분에 사용된 때에는 원상으로 회복하거나 그 손해를 배상한다.

제39조 (서류제출)

수급사업자는 이 계약과 관련된 공사의 임금, 자재 · 장비대금, 산업재해보상보험금의 지급, 요양 등에 관한 서류에 대하여 원사업자의 요청이 있을 때에는 이에 협조한다.

제40조 (보험가입 등)

① 관계법령에 따라 가입이 의무화된 고용보험, 산재보험 등은 원사업자가 가입하고(다만, 수급사업자가 관련 공단으로부터 하도급사업자 승인을 얻은 경우에는 수급사업자가 가입), 국민연금보험, 국민건강보험은 원사업자와 수급사업자가 각각 가입함을 원칙으로 한다.

② 원사업자는 수급사업자가 관계 법령에 따라 의무적으로 보험에 가입해야 하는 경우에는 수급사업자의 하도급내역을 기초로

산출된 보험가입에 필요한 금액을 별도로 계상하여 수급사업자에게 지급한다.

③ 원사업자는 제1항에 의해 보험 등에 가입한 경우에는 당해 사업장의 근로자가 보험금 등을 지급받아야할 사유가 발생한때에는 관계법령에 의한 보험금 등의 혜택을 받을 수 있도록 한다.

④ 원사업자는 재해발생에 대비하여 수급사업자에게 다음 각호의 보험을 택일 또는 중복하여 가입하도록 요구할 수 있고, 수급사업자는 보험가입 후 원사업자에게 보험증권을 제출한다. 이 경우 원사업자는 그 보험료 상당액을 수급사업자에게 지급한다.

1. 사용자 배상책임보험
2. 영업배상 책임보험
3. 공사보험

⑤ 원사업자가 산업재해보험에 일괄 가입하였을 경우, 수급사업자가 책임이 있는 경우를 제외하고는 원사업자가 재해발생으로 인한 모든 책임을 진다.

변호사 Comment	
보험 Program 검토	건설공사보험은 공사 중 예기치 못한 돌발적인 사고로 인한 물적 손해 및 이와 관련하여 공사 관련 당사자들에게 발생되는 책임 위험 및 예정이익 상실의 위험으로부터, 발주처 · 시공자 · 기타 공사관계자를 보호하는 역할을 한다. 그러므로 건설공사보험을 중심으로 하여 보험 Program을 면밀히 검토하여, 필요한 경우에는 원사업자와 수급사업자 모두 추가적인 보험 가입을 고려할 필요가 있다.

제41조 (안전관리비)

① 원사업자는 건설업의 산업안전보건관리비 계상 및 사용기준(고용노동부 고시)에 따라 안전관리비를 책정한다.

② 원사업자는 계상된 안전관리비의 범위 안에서 수급사업자의 위험도 등을 고려하여 적정하게 지급하여 사용하게 할 수 있다.

③ 수급사업자는 계약체결 후 지체 없이 안전관리비 사용기준, 공사특성에 적합한 안전관리계획 및 안전관리비 사용계획을 작성하여, 원사업자에게 제출하고, 이에 따라 안전관리비를 사용한다.

④ 수급사업자는 기성부분의 지급신청 및 공사완료시 제3항에 따라 사용한 안전관리비 사용내역을 원사업자에게 제출하여야 하며, 미사용 등에 따른 잔여 안전관리비는 원사업자에게 반환한다.

제42조 (지식재산권 등)

① 수급사업자는 목적물의 시공과 관련하여 원사업자로부터 사용을 허락받은 특허권, 실용신안권, 디자인권, 의장권, 상표권, 저작권 기술, 노하우(이하 "지식재산권 등"이라 한다)를 목적물 시공 외에는 사용하지 못하며, 원사업자의 서면승낙 없이 제3자에게 지식재산권 등을 사용하게 할 수 없다.

② 원사업자와 수급사업자는 목적물 시공과 관련하여 원사업자 또는 수급사업자와 제3자 사이에 지식재산권 등과 관련한 분쟁이 발생하거나 발생할 우려가 있는 경우 지체 없이 상대방에게 문서로서 통지하여야 하며, 원사업자와 수급사업자가 상호 협의

하여 처리하되, 원사업자 또는 수급사업자 중 책임이 있는 자가 상대방의 손해를 배상한다.

③ 원사업자와 수급사업자가 공동 연구하여 개발한 지식재산권 등의 귀속은 상호 협의하여 정하되, 다른 약정이 없는 한 공유로 한다.

④ 수급사업자는 이 계약기간 도중은 물론 계약의 만료 및 계약의 해제 또는 해지 후에도 원사업자의 도면, 사양서, 지도내용 외에 자신의 기술을 추가하여 시공한 목적물 및 그 시공방법(이하 "개량기술"이라 한다)에 관하여 사전에 원사업자에 문서로서 통지한 후 지식재산권 등을 획득할 수 있다. 다만, 원사업자의 요청이 있는 경우 수급사업자는 원사업자의 원천기술의 기여분과 수급사업자의 개량기술의 가치를 고려하여 합리적인 조건으로 원사업자에게 통상실시권을 허여한다.

변호사 Comment	
실무상 쟁점	해외 건설 공사 프로젝트 수행을 위하여 원사업자가 국내에서도 수행 가능한 역무에 대하여 수급사업자에게 도급을 맡기는 경우가 종종 있는데, 이 경우 해외 발주처는 원수급인인 원사업자와 하위 수급사업자 모두에 대하여 사전 승인 없이는 일체의 개량을 통한 지식재산권 획득 관련 작업을 진행하지 말 것을 요청하는 경우도 있으므로 주의가 필요하다.

제43조 (분쟁해결)

① 원사업자와 수급사업자는 이 계약에 명시되지 아니한 사항 또는 계약의 해석에 다툼이 있는 경우에는 우선적으로 하도급법, 공정거래법 등 관련 법령을 적용하며, 위 법상 관련 규정이

없는 경우 서면상의 자료에 따르며, 자료가 없는 경우에는 상호 협의하여 해결하고, 협의가 이루어지지 않을 때에는 일반 상 관례에 따른다.

② 제1항의 규정에도 불구하고 법률상 분쟁 또는 기술유출 관련 분쟁이 발생한 경우에는 원사업자 또는 수급사업자는 「건설산업기본법」 제69조에 따른 건설분쟁조정위원회, 하도급법 제24조에 따른 하도급분쟁조정협의회 또는 「중소기업 기술보호 지원에 관한 법률」 제23조에 따른 중소기업기술분쟁조정 · 중재위원회에 조정 등을 신청하거나 「중재법」 및 「민법」 제32조에 따라 설립된 대한상사중재원 등 다른 법령에 따라 설치된 중재기관에 중재를 신청할 수 있다.

③ 소송으로 분쟁을 해결하고자 하는 경우 민사소송법상 소송을 제기하는 당사자의 주된 사무소 소재지가 있는 관할 법원에 소송을 제기한다. 다만 양당사자가 합의한 경우 달리 정할 수 있다.

제44조 (경제적 이익요구 금지)

원사업자는 정당한 사유 없이 수급사업자에게 자기 또는 제3자를 위하여 금전, 물품, 용역, 그 밖의 경제적 이익을 제공하도록 요구하지 아니한다.

제45조 (수급사업자 안전의무)

수급사업자는 공사를 시공하면서 안전 및 재해방지를 위하여 관련 법규를 준수하고 감독의무를 성실히 이행하며, 안전관리대책

마련 시 필요하다고 인정되는 경우에 원사업자에게 지도·협조를 요청 할 수 있다.

제46조 (잔존의무)

원사업자와 수급사업자는 이 계약의 기간만료 후 및 계약의 해제·해지 후에도 다음 각 호의 의무를 부담한다.

1. 제35조에 정하는 하자담보책임에 관한 사항
2. 제30조 및 제42조에서 정하는 기술자료 제공, 지식재산권 등에 관한 사항

제47조 (손해배상)

① 원사업자 또는 수급사업자는 이 계약의 위반으로 인하여 손해를 입었을 때는 상대방에게 손해배상을 청구할 수 있다

② 원사업자가 하도급법을 위반하여 수급사업자가 손해를 입은 경우에는 그 손해를 배상한다.

③ 수급사업자가 고의 또는 과실로 목적물을 부실하게 시공하여 타인에게 손해를 입힌 경우 원사업자는 수급사업자와 연대하여 그 손해를 배상할 책임이 있다.

④ 원사업자가 제3항에 따른 손해를 타인에게 배상한 경우 수급사업자에게 구상권을 행사 할 수 있다.

이 계약의 체결을 증명하기 위하여 계약서 2부를 작성하여 원사업자와 수급사업자가 서명날인한 후 각각 1부씩 보관한다.

제4장

산업재해 대응

1. 산업재해와 경영활동

기업을 경영하는 경영자의 입장에서는 예기치 못한 산업재해의 발생으로 인하여 필요시 고용노동부에 출석하여 수차례 조사를 받는 등으로 인하여 어려움을 겪는 경우가 많다. 산업안전보건법 제10조 및 동법 시행규칙 제4조에 따르면 사업주는 산업재해로 사망자가 발생하거나 3일 이상의 휴업이 필요한 부상을 입거나 질병에 걸린 사람이 발생한 경우에는 해당 산업재해가 발생한 날부터 1개월 이내에 산업재해조사표를 작성하여 관할 지방고용노동청장 또는 지청장(이하 "지방고용노동관서의 장")에게 제출하여야 한다고 규정하고 중대재해가 발생한 경우 지체 없이 산업재해의 발생개요 및 피해상황과 조치 및 전망에 대하여 관할 지방고용노동관서의 장에게 보고하도록 하고 있다. 따라서 기업의 법무팀 담당자는 산재사고 발생시 관련 법에 따라 필요한 즉각적인 조치를 취할 수 있도록 경영자에게 조언하고 조사에 대응하는 역할을 수행하여야 한다.

이하에서는 기본적인 내용을 간략히 안내하고 기업 입장에서의 유의사항에 대하여 기술한다.

2. 산업재해보상보험의 특징

일반적인 사고와 달리 산업재해사고(이하 산재사고)의 경우 여러 가지 특징을 가지고 있다. 이는 산재사고가 가지고 있는 특수성 때문에 기인한 것도 있으며, 산재사고의 범위를 인위적으로 확장한 것도 있기 때문에 그에 수반하여 나타나는 특징이라고 할 것이다. 이하에서는 산재사고가 가지고 있는 특징에 대하여 살펴보도록 하겠다.

가. 업무상 질병의 보장

일반적으로 사고라고 하면, 우연하고 급격하게 발생한 외래의 사건 내지는 사고를 이야기 하게 된다. 따라서 상해의 개념을 사고의 개념으로 이해하는 경향이 있다. 그러나 산재사고에서는 상해에 의한 사고만을 산재사고로 한정하지 않고 그 개념을 확장하여 적용하고 있다. 즉, 우연하고 급격하며 외래의 사건이 아닌 필연적이고 누적적으로 발생하며 본태적인 사건이라고 할 수 있는 질병에 대하여도 일정한 요건을 갖추게 되면 산재사고로 인정하고 이를 보상해주고 있다. 이를 우리는 일반적으로 직업병이라고 한다. 또한 직업병에 대한 산업재해보상보험법상의 용어를 업무상질병이라고 칭하게 된다.

업무상질병은 산업재해보상보험법상의 요건을 갖추어야 인정될 수 있으며, 업무상질병판정위원회를 통하여 그 해당여부를 가리게 된다. 최근에 들어 국내 대형 전자회사의 직원들이 회사를 상대로 하여 백혈병의 발생과 업무와의 인과관계를 중점적으로 업무상질병에 해당함을 주장한 사례가 대표적인 예라고 할 것이다.

나. 특수한 인적관계

일반적인 사고는 상대방과 관계가 전혀 없는 사람들 사이에서 발생하게 된다. 하지만 산재사고의 경우 직장동료 내지는 관련자들 사이에서 발생하는 문제가 있다. 이는 기업범무 담당자로서 주의를 기울여야 하는 부분 중에 하나라고 할 것이다. 산업재해보상보험법에 의한 보상이 이루어지고 난 후 기업을 상대로 법률상 책임자가 누구인가를 기준으로 근로복지공단이 취득한 구상권을 실행하기 때문이다. 기업법무담당자가 가해자와 재해자 그리고 회사의 관계설정을 잘못하게 되는 경우 기업은 근로복지공단이 보상한 금액에 대하여 그 금액을 구상당하기 때문이다.

다. 채무불이행의 성립

산재사고는 기본적으로 불법행위에 의해서 성립하게 된다. 그 형태가 일반불법행위이라고 하더라도, 사용자책임이라고 하더라도, 도급인책임이라고 하더라도 그 책임은 불법행위이기 때문이다. 하지만 반드시 불법행위에 의해서만 그 책임이 인정되는 것은 아니다. 사용자인 기업은 피용자인 재해자에 대하여 신의칙상의 주의의무 내지는 보호의무를 부담하게 되고 이는 채무의 내용을 이루는 것으로 피용자인 재해자에게 임금의 지급이라는 주된 의무를 이행하였다고 하더라도 주의의무 내지 보호의무를 다하지 않은 경우 채무를 온전히 이행하지 않은 것으로 되어 채무불이행을 구성하게 된다. 채무불이행이 성립하는 경우 기업의 법무담당자들은 불법행위와 소멸시효, 부수적 권리의 해결문제 등 제반사정 등을 고려하여 대응하여야 하기 때문에 불법행위만을 기준으로 논리를 구성하여 각종 청구에 대한 대비책을 마련해둔 경우에는, 채무불이행에 기한 청구에 대하여는 취약한 상태에 놓이게 된다. 따라서 불법행위에 대한 대비와 더불어 채무불이행에 대한 대비까지 모두 준비해 두어야 할 필요성이 있다.

라. 손해배상의 법제화

근로현장에서 발생하는 사고에 대한 일반법은 민법이라고 보아야 할 것이다. 그러나 근로현장에서 재해가 발생하게 되면 어떠한 기준에 의하여 배상이 이루어져야 하는지에 대한 기준을 민법은 제시하지 못하고 있다. 따라서 이를 근로기준법 제8장의 재해보상에서 규정하고 있는데, 이 또한 그 재원마련과 운영에 있어서 기업이 자율적으로 운영해야 하는 문제점을 가지고 있어, 결국 국가에 의한 운영은 필수적인 상황이라고 할 것이다. 따라서 이러한 수요에 의하여 만들어진 것이 바로 산업재해보상보험법이라고 할 것이다. 산업재해보상보험법은 근로기준법 상의 기준에 비하여 상당히 진일보한 형태를 보이고 있는데, 보상일수의 확대, 일시보상규정의 비적용 등 재해자에게 유리한 규정들을 내포하고 있다. 기업 법무담당자들이 쉽게 간과하는 부분 중에 하나는 근로기준법 내지는 산업재해보상보험법에 의하여 보상이 이루어지고 나면 더 이상의 보상 내지는 배상의 문제가 발생하지 않는다고 생각하는 경우가 있는데, 근로기준법 내지 산업재해보상보험법은 민법에 대하여 특별법의 지위에 있을 뿐이며, 이러한 특별법의 위치에 있는 근로기준법 내지 산업재해보상보험법에 따라 보상이 이루어지고 난 후 보상이 되지 않은 부분에 대한 추가적인 보상 내지 배상은 다시 일반법인 민법의 영역으로 남아있게 되므로 사업주는 재해자에 대하여 여전히 법률상 손해배상의무를 가지고 있다는 점이다. 따라서 기업 법무 담당자들은 재해자의 산재처리가 종결되었다는 이유만으로 해당 직원에 대한 일체의 손해배상이 이루어졌다는 생각을 버리고 다시 청구가 들어올 것에 대비하는 자세를 가져야 할 것이다.

마. 사고유형의 다양성

교통사고의 경우 교차로 사고, 건널목 사고 등 일정한 형태를 이루면서 발생한다. 그러나 산재사고의 경우 그 유형이나 형태를 분리하고나 구분하기 어려운 문제들이 있다. 그 이유 중에 하나는 발생하는 사고의 형태가 다양하다는데 있다. 더욱이 교통사고의 경우 가해자와 피해자 그리고 보험회사라는 3면구조를 띄게 되지만, 산재사고의 경우 도급업자와 하도급업자, 장비대여자 등 관련된 관계자들이 많아 그 권리관계를 분석하기도 어려울 뿐만 아니라 이들 사이의 관계를 어떻게 설정하는가에 따라서 책임자들이 달라지고, 해당 책임자에 대하여 적용하여야 하는 법리도 달라지므로, 그 유형을 정형화 시키는 것 자체가 힘들게 된다.

기업의 법무담당자들이 기업의 이익을 보호하기 위하여 가장 신경 써야 하는 부분 중에 하나가 바로 사고와 관련된 법률관계의 설정을 어떻게 할 것인가라고 해도 과언이 아니다. 이는 기업이 재해자의 각종 청구에 대하여 자신들의 방어를 어떻게 할 것인가의 기준점이 되는 것은 물론이거니와 추후 발생하게 될 구상권 등의 방어에도 핵심적인 역할을 하기 때문이다.

바. 복수의 배상의무자와 구상관계

산재사고의 경우 배상의무자가 복수인 경우 그 문제를 어떻게 할 것인가의 문제를 가지고 있다. 산재사고는 직접적 가해행위를 한 자에 대한 불법행위, 그를 감독할 지위에 있었던 사용자에 대한 책임, 신의칙상 부수적 주의의무 위반이 발생한 경우의 책임 등 그 책임의 발생근거가 다양하고 각각의 배상의무자가 개별적으로 성립할 수 있다. 그렇다면 동일한 재해자에 대하여 복수의 배상의무자가 발생한 경우 이에 대한 배상은 어떻게 할 것이며, 근로복지공단이 실시한 보상에 대하여 근로복지공단은 각각의 배상의무자에 대하여 어떻게 구상할 것인가의 문제를 남기게 된다. 따라서 기업의 입장에서는 자신들이 복수의 배상의무자에 해당하는지 여부, 배상의무자에 해당한다면 구상 당해야 하는지 여부, 구상 당해야 한다면 그 비율내지 한도는 어떻게 되는지 여부 등 종합적인 대책마련이 필요하게 된다.

3. 손해배상책임의 발생근거

사업주가 부담하게 되는 손해배상책임의 발생근거는 불법행위에서 찾는 것이 일반적이다. 그러나 반드시 불법행위에 의해서만 사업주가 손해배상책임이 발생하는 것은 아니라는 점은 앞에서 살핀바와 같다. 그러나 막연히 사업주에게 주의의무가 있다고 하면 우리는 어떠한 주의의무가 있는 것인지 가늠하기가 어려운 것도 현실이다. 이하에서는 주의의무의 발생근거라고 할 수 있는 것들을 살펴보기로 하겠다.

가. 법령에 의한 주의의무

실체법상 사업주가 부담하여야 할 각 사업유형별 또는 사업장별 주의의무에 대하여 규정한 법이 존재하고 있다. 바로 산업안전보건법이 그것이다. 산업안전보건법은 사업주가 지켜야 할 각종 안전수칙 및 보건수칙에 대하여 규정하고 있으며, 이를 위반하는 경우 형벌도 규정하고 있다. 따라서 산업안전보건법을 준수해야 함은 당연하다. 각 기업은 별도의 안전수칙을 제정하고 관계기관은 이를 감독하고 있기 때문에 일정규모 이상을 가진 사업장에서는 이에 대한 기본적인 것들은 준수한다고 할 수 있다. 그러나 일부 사업장에서는 여전히 법규가 지켜지지 않고 있으며, 법령위반에 의한 사고들이 종종 발생하게 된다. 따라서 기업으로서는 정해진 규정을 준수하고 교육을 실시하여야 함은 당연할 것이다. 더욱이 산업안전보건법 위반의 경우 근로자는 수급인이 고용한 자라고 하더라도 사업주에게 산업안전보건법 위반을 물을 수 있다. 따라서 기업의 법무담당자들은 본인의 사업장에서 직접 고용한 자가 아니라는 이유만으로 책임을 면할 수 없다고 할 것이며, 따라서 재해자가 입은 손해에 대하여 책임이 발생할 수 있다는 사실에 대하여 인지하고 있어야 할 필요성이 있다.

산업안전보건법은 안전관리책임자, 관리감독자, 안전담당자, 안전관리자, 보건관리자, 산업보건이, 안전관리총괄책임자 등을 두도록 규정하고 있다. 이러한 각종의 관리자 내지 감독자들이 자신들의 의무를 위반하거나 법령의 규정을 위반한 경우 이들에게 직접 일반불법행위책임이 발생함은 물론이거니와 이들을 고용한 사업주 역시 사용자책임이 발생하여 재해자는 이를 근거로 사업주에 대한 손해배상의 청구가 가능함에 유의하여야 한다.

나. 안전배려의무

근로계약은 피용자는 사용자에게 노무를 제공하고 사용자는 피용자에게 그 노무에 상당하는 임금을 지급할 것으로 목적으로 하는 계약이다. 따라서 당사자 사이에서 중요한 것은 노무의 제공과 임금의 지급이 핵심적 요소라고 할 것이다. 그러나 사용자가 피용자에 대하여 임금지급 이외에 피용자가 안전하고 쾌적한

환경에서 노무를 제공할 수 있도록 제반 여건을 제공하여야 할 의무가 있는데 이를 부수적 주의의무 내지는 안전배려의무라고 한다. 이러한 부수적 주의의무 내지 안전배려의무를 위반하는 경우 주된 급부인 임금지급의무는 이행하였지만 부수적 주의의무 내지 안전배려의무를 위반하였으므로 채무의 이행은 불완전한 상태에 놓이게 되고, 채무의 완전한 이행이 있기 전까지는 채무불이행의 상태에 있게 된다. 그러나 산재사고는 채무의 완전한 이행을 제공할 시간적 여유가 없게 된다. 그 이유는 사고는 이미 발생하였기 때문이다.

이러한 채무불이행은 불법행위와 병존하게 되어, 재해자는 사용자인 기업에 대하여 본인의 선택에 따라 청구하게 된다. 따라서 기업에서는 재해자가 어떠한 법리를 근거로 손해배상을 청구하는지를 구분하여야 할 필요가 있다. 왜냐하면 산재사고를 원인으로 하는 손해배상소송에서 채무불이행책임과 불법행위책임은 다음의 표에서 보는 바와 같은 차이점을 보이기 때문이다.

〈 다　　　음 〉

채무불이행과 불법행위의 차이점		
구분	채무불이행	불법행위
위자료청구권	피해근로자에 한정	피해근로자 및 그 가족
소멸시효	10년(상사의 경우 5년)	불법행위를 안날로부터 3년, 있은 날로부터 10년

그렇다면 이러한 부수적 주의의무 내지 안전배려의무는 무조건적으로 성립하는가하는 문제가 있다. 어떠한 상황에서든 사업주에게 부수적 주의의무 내지 안전배려의무가 존재한다고 한다면, 사업주의 부담이 늘어나게 되고, 책임의 범위가 지나치게 확장되기 때문이다. 따라서 적어도 다음의 요건들을 갖추고 있어야 부수적 주의의무 내지 안전배려의무가 존재한다고 할 수 있을 것이다. 첫째는 업무관련성이다. 해당 사고가 업무관련성 있는 사고여야 할 것이며, 사업주가 책임져야 할 사고 역시 업무관련성 있는 사고에 한정되어야 할 것이다. 재해자의 개인적 용무를 보기 위한 행위 등 업무관련성이 없는 사고에 대하여는 부수적 주의의무 내지 안전배려의무는 존재하지 않는다고 할 것이다. 두 번째로 예측가능성이다. 여기서의 예측가능성이라고 함은 일정한 안전조치를 하지 않으면 사고가 발생할 것이라는 것이 예측 가능한 상태였어야 한다는 것이다. 지속적으로 고장이 발생하는 기계라든지, 해당 작업을 하는 경우 지속적으로 사고가 발생했다든지, 해당 작업이 고도의 위험성을 가진 작업이었다든지 하는 경우처럼 사고의 발생이 예측 가능했을 것을 요구한다. 인간이 상상할 수 없는 자연재해 내지는 천재지변에 의하여 발생한 사고에 대하여 사업주에게 부수적 주의의무 내지 안전배려의무가 존재한다고 하기는 어렵다고 할 것이다.

이러한 부수적 주의의무 내지 안전배려의무는 해당 의무의 위반을 주장하는 자 즉, 재해자에게 있다. 따라서 사고의 발생, 사고와 업무와의 관련성, 사용자의 예측가능성, 부수적 주의의무 내지 안전배려의무의 발생, 부수적 주의의무 내지 안전배려의무의 위반, 사고와 부수적 주의의무 내지 안전배려의무와의 인과관계 등을 재해자가 입증하여 한다. 기업의 법무담당자는 바로 이점에 집중하여야 할 필요가 있다. 이 중에 하나라도 그 연결고리가 끊어진다면, 기업은 채무불이행 책임을 면할 수도 있기 때문이다.

4. 사용자 책임의 특수형태

사용자 책임의 전형적인 형태는 지휘감독관계에 있는 사용자가 그 감독의무를 해태하여 사용자의 피용자가 타인을 사상케 한 경우 그 손해를 배상하는 것이라고 할 수 있다. 그러나 이러한 사용자 책임에 있어 일반적이지 않은 형태를 어떻게 바라볼 것인가에 대한 문제가 있다. 이하에서는 그 중에서도 도급관계, 명의대여, 대여차량에 대하여 살펴보도록 하겠다.

가. 도급관계

도급이란 일의 완성을 목적으로 하는 계약을 말한다. 그 중에서도 산재사고와 관련하여 문제가 되는 것은 바로 노무도급이다. 어떤 것이 노무도급에 해당하는지에 있어서 핵심은 바로 실질적 지휘감독이 있는가 없는가이다. 실질적 지위감독관계에 있으며 실질적으로 지휘감독을 하였다면 이는 노무도급에 해당하고 사용자는 도급관계에 있다고 하더라도 사용자책임이 발생한다. 그러러나 그렇지 않고 단순히 감리하는 정도에 그친 경우 즉, 실질적 지휘감독은 없이 도면 등 도급한 사항이 준수되고 있는지만 확인하는 정도에 그친 경우라고 하면 이는 노무도급에 해당하지 않는다고 할 것이다. 따라서 기업의 법무담당자는 기업에 감독을 하였는지 감리를 하였는지에 대하여 파악하고, 감리를 한 것에 그친 경우 이를 적극적으로 주장하여야 할 필요가 있다.

그러나 감독을 한 경우 도급인과 수급인은 재해자에 대하여 부진정연대책임을 지게 된다.

일반적으로 기업에서 도급계약시 인명사고가 발생하게 되는 경우 수급인이 전적으로 부담하기로 하는 약정을 삽입하는데, 이러한 약정은 도급인과 수급인 사이에서는 유효하나, 재해자를 상대로는 주장할 수 없다는 사실에 유의하여야 한다. 간혹 도급인이 이 조항을 들어 수급인에게 책임을 물을 것과 도급인에게는 책임이 없음을 주장하나, 이는 잘못된 것이다. 재해자에 보상청구에 대하여 해당 조항을 원용할 수 없다는 사실에 유의할 필요가 있다.

나. 명의대여

지입차량에 대하여 지입차주와 지입회사의 관계는 어떤 것인가는 기존의 판례를 통하여 여러 차례 확인된 바가 있다. 그러나 지입차주의 피고용자가 재해를 입은 경우 해당 지입차주가 아닌 지입회사의 책임은 어떻게 될 것인가가 문제된다. 해당 지입차주가 피고용자에 대하여 손해를 배상하여야 함은 당연하다. 그러나 지입차주에 대하여 사용자의 지위에 있지 않은 지입회사가 지입차주의 피고용자인 재해자에 대하여 손해배상책임이 존재할 수 있는가에 대하여 지입회사는 지입차주의 피고용자에 대하여 사용자의 지위에 있음에 유의하여야 한다. 즉, 손해배상책임이 존재한다. 따라서 재해자는 지입차주 및 지입회사에 대하여 손해배상을 청구할 수 있으며, 지입차주와 지입회사는 부진정연대책임을 지는 상태에 놓이게 될 것이다. 특히 건설기계의 경우 건설기계관리법상 사용자의 지위에 놓이게 됨에 유의하여야 한다.

다. 대여차량

임차인이 차량과 함께 차량을 운전할 운전사까지 함께 임차하여 작업하던 중 그 운전사가 제3자에게 손해를 가한 경우, 차량과 운전사의 소속사인 임대인은 당연히 제3자에 대하여 사용자책임을 져야함에는 문제가 없다. 그러나 임차인이 제3자에 대하여 사용자책임을 부담하는지 여부가 문제될 수 있다. 임차인은 운전사의 직접 고용인이 아니고, 임차인은 임대인과의 계약을 통해 차량과 운전사를 임차한 것에 지나지 않기 때문이다. 그러나 임차인이 차량 및 운전사에 대하여 지휘, 감독의 관계에 있었다고 한다면, 제3자에 대하여 사용자책임을 부담하게 된다고 할 것이다. 따라서 재해자는 차량의 임대인과 임차인 모두에 대하여 손해배상을 청구할 수 있게 되고, 양자는 부진정연대책임의 상태에 있게 될 것이다.

5. 산재사고와 과실상계

가. 일반론

근로자가 업무를 수행하던 중에 업무에 기인한 사유로 인하여 업무상 재해 또는 질병이 발생한 경우 산업재해보상보험법에 의하여 보상을 받을 수 있게 되고, 이때 재해자가 업무상 재해 또는 질병에 어느 정도 기여하였는지 즉 과실이 어느 정도 있는지에 대하여 묻지 않고 전액 보상을 해주는 것이 원칙이다. 그러나 재해자가 기업을 상대로 손해배상을 청구함에 있어서는 재해자 본인이 가지고 있는 자기안전의무 즉 자신의 신체를 스스로 보호하여야 할 의무가 있으므로, 사용자가 가지는 안전배려의무와 경합하게 된다. 그러나 이러한 재해자의 자기안전의무 위반 즉, 과실은 사고의 유형이 다양하고 인적 관계 등이 얽혀있어 정형화가 불가능하다는 특징이 있다. 따라서 획일적이고 정형화된 과실비율은 존재하지 않는다. 다만, 과실을 산정함에 있어서 참작하여야 할 몇가지 요소들은 존재하는데 이하에서는 그 사유들에 대하여 살펴보도록 하겠다.

나. 참작사유

1) 불가항력

전쟁, 외란, 천재지변, 자연재해 등 인간의 힘으로 어떻게 제

어할 수 없는 불가항력적 외력에 의하여 사고가 발생한 경우 그 책임을 누가 부담할 것인가에 대하여 학설은 나위어지고 있다. 가해자위법성설에 의하면 불가항력의 기여분은 배상에서 제외한다고 하며, 절대설에 의하면 불가항력은 가해자가 부담한다고 한다. 또한 상대설은 불가항력은 양 당사자가 안분하여 부담한다고 하고 있다. 이에 대하여 대법원은 일반불법행위에 대하여 가해자 위법성설의 입장에서 판단하고 있다. 따라서 불가항력에 대한 부분은 배상에서 제외시키고 있다. 기업의 법무담당자들이 집중하여야 하는 부분 중에 하나일 것이다. 해당하는 사고가 인간이 통제 가능한 영역을 벗어난 사고인 경우 불가항력을 이유로 그 배상액의 감경을 노릴 수 있기 때문이다.

2) 제공한 기계들의 결함

사용자가 근로자에게 제공한 기계들의 결함으로 인하여 근로자에게 업무상 재해 또는 질병이 발생한 경우 일반적으로 근로자가 그 하자를 발견하는 것이 불가능한 경우 근로자에게는 과실이 없다고 할 것이다. 따라서 해당 기계의 결함이 명백한 경우 사용자는 근로자에 대하여 전액 보상하여야 한다. 그러나 근로자에게는 적합성을 살필 주의의무가 있으며, 이러한 적합성을 살필 의무에 위반하여 사고가 발생한 것이라고 하면 근로자에게도 과실이 인정될 수 있다. 따라서 기업의 법무담당자는 해당 사고가 기계의 결함에 의해서 발생하였다고 하더라도 그 기계에 대하여 해당 근로자가 적합성 내지는 적정성에 대한 확인을 하였는지 여부, 해당 결함이 발견이 불가능한 정도의 결함인지 여부 등에 대하여 철저히 확인할 필요가 있다.

3) 안전장비 미착용

사용자는 근로자에게 해당 업무에 필요한 안전장비를 지급할 의무가 있다. 그러나 이러한 의무를 이행하였음에도 불구하고 해당 근로자가 자의적으로 미착용한 경우 근로자에게는 당연히 과실이 많다고 할 것이다. 그러나 안전장비를 지급하지 않은 경우에는 해당 사고시 근로자에게 안전장비를 지급한 사실은 없으나 근로자가 지급을 요구하였을 경우 즉시 지급이 가능한 경우와 그렇지 않은 경우로 나누어 볼 수 있다. 전자의 경우에는 근로자 역시 자기안전의무에 기하여 적극적으로 그 지급을 요구하였어야 하므로 근로자 역시 일정부분 과실이 인정될 수 있다. 그러나 후자의 경우에는 근로자가 자기안전의무에 기하여 그 지급을 청구하였다고 하더라도 이행 자체가 불가능하였기에 근로자에게는 과실이 없다고 할 것이다. 따라서 기업의 법무담당자는 기업이 안전장비를 지급하였는지, 근로자가 그 지급을 요구한 사실이 있는지, 있다면 지급한 사실이 있는지, 지급이 가능한 상태였는지, 안전장비를 구입 또는 비치된 사실이 있는지 등을 확인할 필요가 있다.

4) 근로자의 내재적 사유

근로자가 노무를 제공함에 있어서 노무제공에 적합하지 않은 신체상태를 유지하고 있거나, 기왕병력 또는 기왕장해 등 근로자에게 존재하는 내재적 사유로 인하여 업무상 재해 또는 질병이 발생한 경우 이를 어떻게 해결할 것인가의 문제가 존재한다.

사용자의 입장에서는 근로자 개개인의 세부적 상태까지 알기 어려움에도 불구하고 근로자의 개별적이고 내재적 사유로 인한 업무상 재해 또는 질병까지 전액 보상을 하게 된다면 책임이 확장되기 때문이다. 따라서 근로자의 내재적 사유로 인한 경우에는 근로자가 사용자에게 그 사유를 통보하였는지 아니면 통보하지 않았는지에 따라 다르게 보아야 할 것이다.

근로자가 사용자에게 그 사유를 통보한 경우에는 사용자는 근로자의 사정에 맞게 업무를 배치하거나 조절해주었어야 할 것이므로, 이러한 의무를 위반하였다면 책임이 있다고 할 것이다. 다만 기존에 존재하였던 병력이나 장해에 대하여는 일정부분을 공제하는 방식으로 보상이 이루어지는 것이 합당할 것이다. 그러나 근로자가 사용자에게 그 사유를 통보하지 않은 경우에는 사용자는 근로자의 내재적 사유를 알 길이 없으므로 경우에 따라서는 과실이 전혀 없을 수도 있다는 점에 유의하여야 한다.

5) 업무수행능력의 부족

근로자가 근로를 함에 있어서는 해당 업무에 고도의 전문성 등이 요구되는 경우가 많다. 그러나 근로자가 원해서 또는 사용자가 원해서 해당 업무의 수행능력이 부족함에도 불구하고 업무에 투입되는 경우가 있다. 이렇게 업무수행능력이 부족함에도 불구하고 업무를 수행하던 중 사고가 발생한 경우 근로자의 과실을 어떻게 산정하여야 할 것인가의 문제가 있다. 근로자에게는 자신의 업무수행능력이 부족한 경우 해당 업무의 수행자체를 거부할 의무가 있으며, 이에 반하여 업무수행을 한 경우 근로자의 과실이 많다고 판단될 것이다. 또한 자신의 업무수행능력에 대하여 자신의 적극적 기망 또는 자발적 참여로 인하여 사용자로 하여금 오인하게 하였다면 그 역시 근로자의 과실이 많다고 할 것이다. 그러나 사용자가 그 사실을 알았거나 알 수 있었을 경우 또는 근로자가 해당 업무의 수행을 거부하였음에도 불구하고 강제로 작업을 지시한 경우에는 근로자의 과실은 적어지게 된다. 심지어 사용자가 근로자의 자유로운 의사를 침해하여 해당 업무를 지시하였다면 근로자는 과실이 없다고 할 것이다. 기업의 법무담당자는 해당 근로자가 해당 업무를 수행함에 있어 적정한 업무수행능력을 가지고 있었는지, 그렇지 않다면 그 업무 수행 자체를 거부한 사실이 있는지, 근로자의 자유로운 의사를 침해한 사실이 있는지를 확인할 필요가 있다고 할 것이다.

6) 안전관리자 등의 사고

근로자 중 일반근로자가 아닌 기업이 선정한 안전관리자 등

중간관리자들이 업무상 재해를 당한 경우 과실의 산정을 어떻게 할 것인가의 문제가 있다. 중간관리자들은 사용자로부터 일반 근로자에 대한 지휘, 감독 권한의 일부를 위임받은 자로서 일반 근로자들을 지도하고 감독하여야 할 위치의 있는 자이므로 이들을 일반근로자와 동일한 정도로 과실을 판단하게 된다면, 사용자의 입장에서는 불합리한 문제가 발생하기 때문이다. 따라서 기업의 안전관리자 등으로 선임된 자에게는 일반 근로자들에 비하여 더 높은 자기안전의무가 있다고 하여야 할 것이므로 중간관리자의 업무상 재해 또는 질병시 과실이 더 많이 산정되어야 할 것이다.

7) 위험요인의 상존

산업현장에서는 각종 위험에 노출되어 있고, 그러한 위험의 노출정도는 특수직종, 전문직종으로 갈수록 더 크다고 할 것이다. 따라서 특수직종근로자의 경우에는 일반 근로자에 비하여 해당 업무의 특수성, 전문성에 비례하여 더 높은 자기안전의무가 있다고 할 것이며, 이러한 자기안전의무에 위반하여 사고가 발생한 경우 그 과실은 일반근로자에 비하여 더 많이 참작되어야 할 것이다.

6. 산재보상과 민사상 손해배상의 관계

산재법상 수급권자가 동일한 사유로 인하여 산재법상의 보상을 받은 경우 그 금액을 한도로 민법 기타 법령의 손해배상책임을 면한다고 규정하고 있다. 따라서 근로자에 대하여 산재법상의 급여항목(요양급여, 휴업급여, 장해급여, 간병급여, 유족급여, 상병보상연금, 장의비 등)에 대하여 사업자가 배상하여야 하는 손해배상액에서 해당 급여액에 대한 부분만큼은 책임지지 않아도 된다.

그러나 이 규정에서 주의하여야 할 것은 바로 동일한 사유이다. 여기서 동일한 사유라 함은 보험급여의 대상이 된 손해배상의 항목과 민사상의 손해배상의 항목이 같은 성질의 것이냐 아니냐의 문제이다. 보험급여 중 휴업급여와 장해급여, 상병보상연금, 유족급여는 일실수입(소극적 손해)의 성질을 가지고 있고, 요양급여, 간병급여, 장의비는 적극적 손해의 성질을 가지고 있다. 따라서 해당 급여항목은 민사상 손해배상을 청구함에 있어 해당 손해별로 개별적 공제를 하여야 한다. 따라서 소극적 손해의 성격을 가진 급여를 가지고 적극적 손해의 면책을 주장할 수 없고, 적극적 손해의 성격을 가진 급여를 가지고 소극적 손해의 면책을 주장할 수 없다. 또한 같은 소극적 손해라고 하더라도 휴업급여의 초과분을 가지고 개호비 상당액에 대하여 공제하는 것과 같이 그 배상의 성격이 다른 것을 가지고 면책을 주장할 수 없다.

가. 각종 연금의 공제여부

이미 지급된 금액에 대하여는 항목별로 해당하는 손해별 공제를 하면 되기 때문에 문제될 것이 없다. 하지만 이미 지급되지 않았으나 지급예정인 각종 연금의 공제는 어떻게 할 것인가의 문제가 있다. 즉 장해급여의 경우 1급에서 7급에 해당하는 장해가 남은 경우 장해급여를 연금으로 수령할 수 있다. 재해자가 장해연금을 신청한 상태에서 기업을 상대로 민사상 초과손해분의 청구를 하였다고 할 경우 일실손해에 대하여 구체적인 연금액은 지급된 사실이 없으므로 산정이 불가능하다는 문제가 있게 된다. 이에 대하여 산재법은 장해보상연금 또는 유족보상연금의 경우 일시금을 받은 것으로 본다고 규정하고 있어 이러한 부분을 입법적으로 해결하였다. 따라서 해당 항목에 대하여 연금을 지급받을 경우 연금액 상당의 일시금을 해당 항목의 손해에서 공제하면 될 것이다. 또한 상병보상연금에 대하여 견해가 대립하나 상병보상연금 역시 폐질등급이 장해등급기준과 유사하며, 연금액도 장해보상연금액과 동일한 점, 장기적으로 근로능력을 상실한 것에 대한 보상이라는 점, 노동능력의 회복이 거의 불가능하다는 점 등에 비추어 장해연금 규정을 준용함이 타당하다고 생각한다.

나. 간병급여 등의 공제여부

간병급여라 함은 재해자가 업무상 재해 또는 질병으로 인하여 요양을 실시하여 치유 후에도 상시 또는 수시로 간병이 필요한 경우 지급하는 급여로써, 근로복지공단이 정하는 기준에 의하여 보상이 이루어지게 된다. 그러나 간병급여는 선급이 아닌 후급의 개념으로 지급하는 것으로 실제 간병을 받은 날에 대하여 보상이 이루어진다. 또한 근로복지공단의 심사를 통하여 상시 또는 수시가 결정되므로 그 기간이나 금액을 미리 산정하는 것 자체에 무리가 있다. 따라서 근로복지공단에서 간병급여를 수령할 예정인 경우 앞에서 살핀 장해급여, 유족급여 등과 같은 논리라고 한다면 당연히 공제하여야 할 것이나 앞의 급여들과는 달리 금액의 추산이 불가능하다는 특징으로 인하여 이를 공제하여야 할 것인지가 문제된다. 그러나 이에 대하여 대법원은 지급이 예정되어 있는 간병급여에 대하여 공제할 수 없다는 입장에 있다.

다. 상속과 공제

근로자에게 발생한 업무상 재해 또는 질병으로 인하여 요양 후 또는 요양 중 근로자가 사망하여 그 손해배상청구권이 상속인에게 귀속된 경우 상속인의 손해배상과 공제 중 어떤 것을 먼저 하여야 하는가에 따라서 상속인들에게 지급하여야 하는 금액에 차이를 보이게 된다. 이에 대하여 상속 후 공제하여야 한다는 상속 후 공제설과 공제를 먼저 실시한 후 상속하여야 한다는 공제 후 상속설이 있으나 판례는 상속 후 공제설을 따르고 있다.

라. 과실상계와 공제

근로자도 산재사고에 일정부분 기여한 과실이 있는 경우 과실부분 만큼은 전체 손해액에 반영되어야 함은 당연하다. 또한 앞에서 살핀 동일한 사유에 대한 공제 역시 당연히 반영되어야 한다. 그렇다면 과실상계와 공제 중 어떤 것을 먼저 하여야 하는 것인가? 이에 대하여 과실상계 후 공제하여야 한다는 상계 후 공제설과 공제를 먼저 한 후 과실상계를 해야 한다는 공제 후 상계설이 대립하고 있다. 우리 법원은 상계 후 공제설의 입장에서 과실상계와 손익상계에 대하여 과실상계 후 손익상계를 하라는 입장에 있다.

7. 구상관계

산업재해보상보험법 제54조 제1항에 의하면 고 규정하고 있다. 따라서 근로복지공단은 구상권을 획득하게 되는데 이하에서는 대위하는 권리, 제3자의 범위, 구상권의 범위 등을 중심으로 살펴보도록 하겠다.

가. 대위하는 권리

근로복지공단이 대위하는 권리는 제3자에 대한 손해배상청구권 자체를 대위하게 된다. 따라서 소멸시효기산점, 소멸시효의 기간 등 대위 받은 본래의 손해배상청구권을 기준으로 판단하여야 한다. 따라서 기업의 법무담당자는 근로복지공단으로부터 구상권 청구가 있는 경우 근로복지공단이 대위하고 있는 권리가 어떠한 권리인지를 명확히 파악할 필요가 있다. 따라서 이미 소멸시효가 지난 권리를 가지고 구상청구가 있는 경우라고 한다면 이에 대한 소멸시효의 완성을 주장할 수 있다. 그러나 보상이 실시된 후 공단을 상대로 근로자가 기업을 상대로 손해배상청구권을 포기하였다는 주장은 불가하다. 보상을 실시한 이후 청구권 자체는 근로복지공단에 있고, 근로복지공단이 청구권을 포기하지 않은 이상 근로자의 손해배상청구권의 포기는 효력이 없기 때문이다.

더불어 유족급여의 경우 근로복지공단은 누구의 권리를 대위하는가에 대한 견해대립이 있다. 일각에서는 사고를 당한 피재자 본인의 권리를 대위한다는 피재자대위설이 있으나 법원에서는 피재자의 유족 등 수급권자의 권리를 대위한다는 수급권자대위설의 입장에 있다.

나. 제3자의 범위

여기서 말하는 제3자라고 함은 보험자, 보험가입자 및 해당 수급권자를 제외한 자 중에서 피재자와 산재관계가 없는 자로서 피재자에게 불법행위 내지 자동차손해배상보장법이나 민법 등 기타 배상책임을 지는 자를 말한다. 그렇다면 사용자가 고용한 동료 근로자는 제3자에 해당하는가의 문제가 있다. 동일한 사업주를 위해 노무를 제공하고 있던 피재자와 동료근로자가 산재사고로 인하여 근로복지공단으로부터 구상청구가 있게 되면 사업주는 자신의 산재보험으로 처리를 하였음에도 불구하고 해당 사업장의 다른 근로자에게 구상이 들어오게 되고, 해당 근로자는 구상청구에 대한 부담으로 업무에 집중하지 못하게 되어 다시 그 부담은 사업자에게 가중되는 상황이 발생하기 때문이다. 따라서 이러한 경우 근로복지공단이 구상청구가 가능하게 된다면 산업재해보상보험법의 기본적인 취지를 몰각시키는 것이 되므로 이때의 동료근로자는 제3자의 범위에서 제외하여야 할 것이다. 그러나 동료근로자가 산업재해보상보험에 가입하지 않은 자라고 한다면 이때는 제3자에 해당한다고 할 것이다.

다. 구상권의 범위

구상권은 동일항목에 지급한 항목에 대하여만 구상이 가능하다. 따라서 위자료와 같이 근로복지공단에서 지급하지 않은 사항에 대하여는 그 구상이 불가능하다. 또한 구상하는 범위와 관련하여 과실상계를 한 금액을 기준으로 구상할 것인가 아니면 과실상계 전의 금액을 기준으로 구상할 것인가 문제될 수 있다. 이에 대하여 판례는 상계 후 공제설의 입장에서 과실상계를 먼저 한 후의 금액을 기준으로 구상할 수 있다고 하고 있다. 공동불법행위의 경우에도 제3자에 대한 구상청구는 가능하며, 피해자에 대한 상계와 사용자에 대한 상계를 모두 한 후 남은 금액에 한하여 공동불법행위자를 상대로 균등청구할 수 있다고 할 것이다.

산재보험의 처리와는 달리 민사소송에서는 과실 비율이 손해액 산정에 결정적인 역할을 하기 때문에 산재 처리 단계에서부터 추후 민사소송까지 고려하여 업무처리를 하여야 하고, 이 부분을 법무 담당자가 늘 염두에 두고 챙겨야 한다. 만약 관련 절차와 법리에 대하여 정확히 알지 못하는 경우에는 반드시 초기부터 외부 법률 전문가의 도움을 받는 것이 필요하다.

8. 산업재해 발생시 위험의 대비

가. 단체보험

보험사의 적극적인 마케팅의 결과 단체보험을 가입한 기업이 늘고 있다. 단체보험을 가입함에 있어서 기업은 계약자를 기업으로 하고 피보험자를 근로자 개개인으로 하면서 수익자를 기업자신으로 설정하여 가입을 하는 것이 일반적이다. 기업은 산재사고가 나면 해당 금원을 기업이 수령하여 재해자측에 보상금을 지급할 금원을 조달하는데 활용하고자 한다.

그런데, 막상 산재사고가 발생하고 나면 재해자측에서는 해당 단체보험의 수익자 변경을 요구하고 나온다. 재해자측의 동의가 없이는 보험금 수익이 불가하다는 점을 근거로 협상을 시도하므로 재해자측이 수익자로 지정을 받는 경우가 종종 있는데, 무턱대고 수익자만 변경하게 되면 추후 보험금이 회사가 지급한 보상금으로 산정되지 않을 위험이 있기 때문에 유의하여야 한다.

나. 근재보험

근재보험은 재해자가 입은 손해 중 산재초과분에 대하여 보험사가 책임 위험을 인수하기로 하는 보험 상품이다. 실무상 소송이 없이 청구만으로 지급이 되지만 경우에 따라서는 보험사가 소송 등을 통해 집행권원이 확인되기 전 까지는 보험금을 지급할 수 없다는 입장을 취하기도 한다.

기업 법무 담당자로서는 근재보험의 가입에 있어서도 반드시 챙겨야 할 부분이 있는데, 바로 보상한도가 어떻게 설정되느냐 하는 것이다. 예를 들어 담보액이 5억원이고 “1인당, 1사고당”이라고 되어 있다면, 하나의 사고로 20명이 다친 경우에는 20명이 담보액을 함께 소진하므로 보험 만으로는 손해액 전체를 회복하지 못하는 경우가 발생하게 된다.

그러므로 근재보험을 가입할 때에는 기업이 영위하는 업무의 특성, 작업환경, 작업방법 등을 고려하여 실질적으로 Risk를 보험사에 전가할 수 있도록 보험을 설계하여야 한다. 유관부서와 긴밀히 협의하고 보험 가입안을 검토하는 것 역시 법무 담당자의 역할이라 하겠다. 보험도 결국은 계약이기 때문이다.

9. 소송 대응

가. 외부 전문가의 활용

사내에 노무사 및 변호사로 이루어진 법무팀을 두고 있는 기업이 아니라면 산재사고가 발생한 경우에는 즉시 외부 법률전문가를 선임하여 활용하는 것이 좋다.

산재사고가 났음에도 불구하고 기업이 다소 안일한 생각으로 전문가를 활용하지 않고 있다가, 추후 민사 소송이 제기된 이후에야 소장 및 원고측의 증거들을 확인해 보면 어떻게 손을 써야 할지 몰라서 그때서야 변호사를 선임하는 경우가 많다.

소송에 앞서 재해자측에서는 기업이 법 위반을 하였다거나 안전배려의무를 불이행한 정황들이 나타난 증거를 다수 확보해 두었을 가능성이 크고, 사업주가 형사 처벌을 받은 내역 등에 대해서도 대략적인 파악을 마쳤을 가능성이 크다.

나. 신체감정 단계

신체감정은 중립적이고 객관적인 제3자인 전문가, 즉 전문의로부터 재해를 입은 근로자의 현재 몸 상태에 대하여 평가를 받는 절차이다. 이때, 어떤 항목에 대하여 어떻게 평가를 할 것인지 등에 대하여 소송대리인은 적극적인 의견 개진을 하는 것이 요구된다. 전문적인 지식과 경험이 필요한 영역이므로 반드시 경험 있는 법률전문가를 선임하여야 한다.

다. 협의 단계

근로자가 사망한 사고가 아닌 이상 신체감정서가 나오면 그때서야 비로소 재해를 입은 근로자의 현재 객관적인 몸 상태에 대하여 알 수 있으므로, 청구취지 확장 등을 통해 원고가 주장하는 손해액이 확정된다. 이때부터는 사실관계에 따른 과실비율 다툼이 소송의 주된 쟁점이 된다. 기업 입장에서는 사실관계가 어느 정도 파악된 이후에는 굳이 무리하게 법원의 판단을 받는 단계까지 끌고 가기 보다는, 사안에 따라 유연하게 조정이나 소송외 합의 등을 통해 사건을 종결짓는 것도 좋은 방법이다. 소송이 장기간 계속되면 신체감정의 결과가 나오게 되고, 신체감정의 결과를 보아 손해액이 크게 잡히게 되면 결국 근로자 측에서 주장하는 금액도 커지게 될 것이기 때문이다. 또한 장기간의 소송 진행 중에 상호간에 인신공격적인 내용들도 오고가게 되는 경우가 많으므로 원만한 협의가 점점 어렵게 될 수도 있기 때문에 수시로 외부 법률전문가의 조언을 참고하여 의사결정을 하는 것이 필요하다.

저자 소개

김주형

경력

- 現) 변호사 김주형 법률사무소
- 現) 부산지방 · 고등법원 형사국선변호인
- 現) 부산지방법원 영장실질심사 국선변호인
- 現) 보험사 및 손해사정 업체 고문 변호사
- 現) 중소기업 자문 변호사
- 前) SK건설 주식회사 사내변호사 (2014~2016)
- 前) 삼성엔지니어링 주식회사 법무팀 구성원 (2007~2010)

자격

- 변호사
- 변리사
- 손해보험중개사

홈페이지

변호사 김주형의
보상1번가

www.bosang1st.com
blog.naver.com/bosang1stcom

김주형 변호사가 알기 쉽게 설명하는

기업 법무의 이론과 실제

2017년 3월 10일 1판 1쇄 인쇄
2017년 3월 15일 1판 1쇄 발행

저 자 김 주 형
발 행 인 김 용 성
발 행 처 **법률출판사**
서울시 동대문구 이문로 58 (휘경동) 오스카빌딩 4층
☎ 02) 962-9154 / 팩스 02) 962-9156

등록번호 / 제1-1982호
ISBN 978-89-5821-300-0 13360
e-mail : lawnbook@hanmail.net

정가 20,000원